CHRISTIAN LINKER

PAPA, WAS MACHEN WIR HEUTE?

JUNGS WERDEN MÄNNER

Natürlich heißen meine drei Söhne nicht Justus, Peter und Bob. Denn einer von ihnen hat einen Paten, der Rechtsanwalt ist. Und um später denkbaren Klagen aus dem Weg zu gehen, wähle ich lieber schon an dieser Stelle die Namen der *Drei Fragezeichen* als durchaus passende Pseudonyme für meine Jungs. Schließlich weiß man ja nie, und sie werden schneller erwachsen, als man denkt.

Womit wir schon mitten im Thema sind: Aus Jungs werden Männer – schier unausweichlich, in atemberaubendem Tempo und natürlich anhand von Vorbildern. Der eigene Vater steht bei der Auswahl ganz oben auf der Liste. (Bis zum Eintritt in die Pubertät als nachahmungswürdiges Idol, danach vielleicht als abschreckendes Beispiel.) Denn wie Mannsein geht und was einen Mann überhaupt zum Mann macht, das, meine sehr verehrten männlichen Leser, gucken sich Jungs nämlich von ihren Vätern ab.

Als Ina Deter von »neuen Männern« sang, kam ich gerade ins zweite Schuljahr und Helmut Kohl wurde Bundeskanzler. Seither habe ich einige Energie darauf verwendet, meine eigene Männlichkeit irgendwo zwischen Fanschal und Stricksocken, Dosenbier und Ingwertee zu verorten. Mal Feminist, mal Patriarch, mal reflektiert und mal aus dem Bauch raus, war ich jedenfalls mit knapp dreißig Jahren zu dem Schluss gekommen, ich wüsste jetzt, wer ich eigentlich bin und wie ich mich definiere. Oh, welch Irrtum! Denn plötzlich wurde ich Vater eines Sohnes und alles stand infrage.

Denn das ist es, was mit uns Männern passiert, wenn wir Söhne haben: Sie stellen uns und unser So-Sein immer wieder auf den Prüfstand, sie fordern uns heraus und zwingen uns, jeden Tag neu zu erkunden, wie Mannsein gehen könnte. Nicht theoretisch, sondern ganz praktisch. Denn wir können einem Vierjährigen zwar schlecht von Gendertheorien erzählen (können wir natürlich schon, doch die Spätfolgen sind noch unerforscht), aber wir können gemeinsam mit ihm etwas erleben. Wir können *uns* erleben, als Jungs und Männer.

Und wenn hier von Erlebnis die Rede ist, geht es nicht, jedenfalls nicht nur, um absolute Abenteuerevents. Klar, ich würde Ihnen hier gern von meinem letzten Tandem-Gleitschirmflug mit meinem Siebenjährigen erzählen. Aber erstens wäre es gelogen und zweitens würde Sie diese Schilderung zu neunzig Prozent eh nicht zur Nachahmung einladen. Und außerdem fragen Sie sich selbst: Bei welchem Erlebnis brauchen Sie eher Nerven wie Drahtseile: Beim Paragliding? Oder bei einem gemeinsamen Friseurbesuch mit kleinen Jungs?

Genau. Und deshalb werden wir uns in diesem Buch neben diversen Anekdoten, Tipps und Ideen rund um Freizeit, Outdoor und Adventure auch immer wieder weit in den gefährlichen Dschungel namens Alltag vorwagen, wo es für Männer und ihre Söhne die wahren Abenteuer zu bestehen gilt. Ich lade Sie ein zu einer Reise durch Bundesligastadien, Jahrmärkte und Zeltlager, an die Ränder der Galaxis und natürlich ins Zentrum der digitalen Welt. Aber Obacht: Wie sagte schon Oliver Kahn? »Wir brauchen Eier!« Wenn Sie also, lieber Leser, Manns genug sind, sich der Herausforderung zu stellen, Ihre Söhne beim Männerwerden hilfreich zu unterstützen, dann folgen Sie mir unauffällig zum 1. Kapitel.

Beste Grüße
Ihr
Christian L.

INHALT

INHALT

DIE GU-QUALITÄTSGARANTIE

Wir möchten Ihnen mit den Informationen und Anregungen in diesem Buch das Leben erleichtern und Sie inspirieren, Neues auszuprobieren. Bei jedem unserer Produkte achten wir auf Aktualität und stellen höchste Ansprüche an Inhalt, Optik und Ausstattung. Alle Informationen werden von unseren Autoren und unserer Fachredaktion sorgfältig ausgewählt und mehrfach geprüft. Deshalb bieten wir Ihnen eine 100 %ige Qualitätsgarantie.

Darauf können Sie sich verlassen:
Wir bieten Ihnen alle wichtigen Informationen sowie praktischen Rat – damit können Sie dafür sorgen, dass Ihre Kinder glücklich und gesund aufwachsen. Wir garantieren, dass:
- alle Übungen und Anleitungen in der Praxis geprüft und
- unsere Autoren echte Experten mit langjähriger Erfahrung sind.

Wir möchten für Sie immer besser werden:
Sollten wir mit diesem Buch Ihre Erwartungen nicht erfüllen, lassen Sie es uns bitte wissen! Wir tauschen Ihr Buch jederzeit gegen ein gleichwertiges zum gleichen oder ähnlichen Thema um. Nehmen Sie einfach Kontakt zu unserem Leserservice auf. Die Kontaktdaten unseres Leserservice finden Sie am Ende dieses Buches.

GRÄFE UND UNZER VERLAG. *Der erste Ratgeberverlag – seit 1722.*

Jungs im Kinder-gartenalter

Ihr Sohn ist jetzt im Kindergarten? Er ekelt sich plötzlich vor allem, was rosa ist, und findet, dass Mädchen stinken?

Na gut, er beginnt also zu entdecken, dass es Geschlechter gibt – und Rollenzuschreibungen. Sie können ihn in seinem Rosahass bestärken und ihn auf den Weg zum höheren Machotum führen, weil Sie meinen, dass man(n) mit diesem »Genderwahn« endlich Schluss machen muss. Oder Sie können ihm behutsam zeigen, dass Rosa ganz toll ist, ihm Puppen und Puppenkleidchen kaufen und ihm helfen, auch seine weibliche Seite zu finden.

Oooder aber Sie vermitteln ihm, dass er ein Individuum mit ganz eigenen Interessen, Stärken und Vorlieben ist. Sie beobachten und begleiten ihn in seiner Entwicklung und versuchen, sich in ihn einzufühlen. Sie bestärken ihn dort, wo er stark ist, und unterstützen ihn dort, wo er Hilfe braucht. Sie vermitteln ihm das Selbstvertrauen, dass er drauf pfeifen kann, was andere Leute für typisch Jungs oder typisch Mädchen halten. Weil er nämlich selbst bestimmt, was für ihn cool ist und was es für ihn ausmacht, ein Junge zu sein.

Davon mal ganz abgesehen, Jungs in rosa Klamotten sind ja wirklich extrem uncool, oder etwa nicht? Mädchen aber auch … finde ich.

JUNGS WERDEN WISSENSCHAFTLER

»Na«, frage ich Bob, meinen Vierjährigen, »was habt ihr heute im Kindergarten gemacht?«

»Nichts«, antwortet er standardmäßig.

Diesen Dialog wiederholen wir jeden Nachmittag. Manchmal male ich mir aus, wie siebzig Kinder zwischen eins und sechs Jahren stumm im Kreis auf dem Bauteppich sitzen, in ernstes Schweigen versunken. Wie sie sich von allen überflüssigen Gedanken freimachen und mit buddhistischer Gleichmut von acht bis sechzehn Uhr darauf warten, wieder abgeholt zu werden. Meistens aber ergeben sich im Verlauf des Nachmittags doch noch Gespräche, die zumindest gewisse Schlussfolgerungen zulassen, was wohl Thema gewesen sein mag.

»Papa, ich mach nicht Busfahrer«, lässt mein Sohn ansatzlos verlauten, während ich Äpfel für den Nachmittagssnack schäle. »Ich mach Polizei oder Feuerwehr.«

»Habt ihr also über Berufe gesprochen?«, schließe ich messerscharf.

»Der Papa vom Leon macht Post«, nickt Bob. Mit Antworten auf rhetorische Fragen hält er sich nämlich nicht auf, sondern geht direkt in die Vollen: »Papa, was willst DU eigentlich mal werden?«

»Nun, weißt du, eigentlich habe ich schon einen Beruf.«

Pures Erstaunen.

»Echt?«

»Ja, wusstest du das nicht?«

»Aber du gehst doch nie zur Arbeit.«

»Oh, doch«, beharre ich. »Ich gehe in mein Arbeitszimmer. Jeden Morgen, wenn du im Kindergarten bist. Und da schreibe ich meine Bücher. Das weißt du doch.«

»Ja, aber ich meine ja nicht das Bücherschreiben. Ich meine einen richtigen Beruf. So Bauarbeiter. Oder Lokführer. Oder Müllabfuhr.«

»Später vielleicht. Und du wirst also Polizist. Oder Feuerwehrmann.«

Gegenfrage: »Kann man als Polizei oder Feuerwehr eigentlich Exremente machen?«

»Glaube ich nicht. Experimente machen wohl eher Wissenschaftler.«

»Dann will ich lieber Wissenschafter werden«, meint er. »Können wir jetzt gleich ein Exrement machen?«

Hm. Na gut. Machen wir also ein Experiment (die klangliche Nähe zu »Exkrement« kommt nicht von ungefähr). Für Bob heißt das, möglichst viele verschiedene Substanzen in einem Gefäß zusammenzurühren, mit einem Deckel zu verschließen, kräftig zu schütteln und dann in einem unkontrollierbaren Strahl über sämtliche Badezimmerfliesen zu verteilen.

Sohn matscht, Vater mailt …

Wie wichtig es ist, dass Kinder explorieren, das heißt ihre Umgebung selbstständig erkunden und dabei mit unterschiedlichen Materialien umgehen und ihre Fantasie ausleben, steht ja in jedem Ratgeber. (Hier deshalb nicht.) Gegen »Experimente« kann also nichts einzuwenden sein, dachte ich unbedarft, bevor ich einschlägige Erfahrungen mit dem Thema gemacht hatte. Zudem fand ich es beim ersten Mal ganz praktisch: Gab dem Kind etwas Wasser, einen Malkasten zum Färben des Wassers und ein paar abgelaufene Backzutaten aus der hintersten Ecke des Küchenschranks und sah es für die nächste halbe Stunde nicht mehr. Bob hantierte mit seinen Chemikalien in der Badewanne. Zwischendurch hörte ich ihn in der Küche klappern. Ja, gleich würde ich mal schauen, was er treibt, doch solange er sich prima allein beschäftigte, wollte ich nur ganz kurz mal eben meine Mails checken. Okay … Mails checken und zwei neue schreiben. Ja, ist ja gut, ich gebe zu, es waren sieben. Okay, okay, ich hab auch noch rasch die Fahrtkostenabrechnung meiner letzten Lesereise gemacht. Und auf Facebook rumgehangen und nur ganz schnell noch eben …

»Papa, komm mal gucken«, krähte der Sohn aus dem Bad, auf dass ich sein Exrement bewundern möge.

Diesmal bin ich mit von der Partie!

Das Ergebnis war ein Meilenstein an Erkenntnisgewinn: Bob hatte die Versuchsanordnung um Ketchup und Senf, verschiedene Teesorten, Zahncreme, Haargel und manch anderes ergänzt, das er in Badezimmerschränkchen und -schubladen gefunden hatte.

Meine persönliche Bilanz am Ende des Nachmittags waren der Verlust eines Dekanters (er ähnelt optisch dem Erlenmeyerkolben, aber wir bekamen ihn nie wieder sauber …) und meines Aftershaves. Dafür hatte der so entstandene Mix immerhin nicht nur eine herrlich spinatdurchfallgrünbraune Färbung, sondern auch einen feinherben Duft von Cool Water und extrateurem Fairtrade-Espressopulver. Mit einem Hauch von Curry. Ferner stand noch eine fertige Fahrtkostenabrechnung auf meiner Habenseite.

Trotzdem beschließe ich diesmal, als mein Sohn mich wieder zur Materialausgabe für ein neues »Exrement« bittet, höchstselbst im Labor anwesend zu sein. Denn es geht ja nicht nur darum, auf einen maßvolleren Umgang mit Vor- und Hausrat zu achten. Sondern vor allem darum, einfach ein bisschen Qualitytime mit dem Sohn zu verbringen, anstatt für mich selbst noch eine weitere halbe Stunde am Schreibtisch herauszuschinden. »In die Beziehung zu investieren«, wie meine Liebste es ausdrücken würde.

Also ab ins Bad, wo wir erst mal schauen, wie Backpulver auf Orangensaft und Sprudelwasser reagiert. Oder Hefe auf warmes Wasser. Mit Speisestärke und Sprudelwasser formen wir einen schönen dicken Klumpen, der in der offenen Hand aufploppt, bevor er sich den Naturgesetzen beugt und als zäher Schleim zwischen den Fingern zerläuft. »Zauberglibber«, freut sich Bob und geht sofort vom Prototypen zur

Massenproduktion über. »Das ist soooo eklig.« Ich denke, er meint das als positive Rückmeldung zum Verlauf unserer Forschungen.

Als Nächstes möchte er noch Zahncreme mit Sandkastensand mischen, aber ich bin der Meinung, das sei Quatsch und wir sollten lieber diese Sache mit Backpulver und Essig in einer Flasche und einem Luftballon darüber ausprobieren. Oder eine Teebeutelrakete zünden! (Bei Gelegenheit mal googeln!) Das Ergebnis wäre bestimmt viel spannender. Und wenn der Sohn jetzt beleidigt ist, dann soll er meinethalben den Laborkittel an den Nagel hängen und sich zum Fernseher trollen. Ich kann das hier nämlich auch alleine durchziehen. Schließlich haben wir eine Mission! Ein Projekt ist ein Projekt ist ein Projekt. Und bevor es nicht vorbei ist, ist es nicht vorbei.

Wir Väter kennen diesen Konflikt ja auch vom Eisenbahnaufbauen, Laternebasteln oder Fahrradschlauchflicken – wir wollen Ergebnisse sehen, sonst bliebe ein schales Gefühl des Unvollendeten, ja sogar des Scheiterns zurück.

Vater und Sohn

KINDERN IST DER OUTPUT NICHT SO WICHTIG

Beim Experimentieren mit Papa geht es dem Vierjährigen nicht um Output und messbare Erfolge, sondern um den Augenblick an sich, um das Hier und Jetzt. Vielleicht denken Sie daran, bevor Sie sich komplizierte Versuchsanordnungen überlegen, um Ihren Sohn zu beeindrucken. Gerade bei Kindergartenkindern ist weniger oft mehr. Diese Überlegung soll Sie natürlich nicht davon abhalten, eine Teebeutelrakete zu zünden. Dazu einfach einen Teebeutel entleeren, wie eine Röhre auf eine nicht brennbare Unterlage stellen und am oberen Rand anzünden.

Die Faszination dunkler Abgründe

Also keine Rakete, kein Luftballon, sondern nur ein paar zähe Klumpen, die ins Waschbecken platschen.

»Warum holst du die Bröckchen wieder raus?«, fragt mein Sohn ernsthaft interessiert.

»Ich möchte nicht, dass die ganze Pampe im Abfluss landet«, sage ich. »Sonst könnte der verstopfen.«

»Oh, nein«, ruft er, »ein paar sind schon drin!«

»Nicht so schlimm«, winke ich ab, »die waren ganz klein, die flutschen so durch.«

»Aber was, wenn die nicht durchflutschen?«, fragt Bob. Er versucht offenbar, meine Ängste ernst zu nehmen. »Dann bleiben die hängen. Dann ist es doch verstopft.«

»Nein, die waren ganz klein.«

Ganz klein?, denkt sich der Sohn. Da kenn ich doch was. Also stemmt er sich auf seinem Kinderstuhl hoch übers Waschbecken, holt eine Pinzette aus dem Schränkchen und zieht den Stopfen aus dem Abfluss. Darunter gähnt der gierige Schlund des Siphons, jederzeit bereit, alles von weniger als drei Zentimetern Durchmesser zu verschlingen und in seinen glitschigen Eingeweiden jahrhundertelang zu verdauen wie der Sarlacc auf Tatooine. Und bevor ich eingreifen kann, fällt die Pinzette mit einem beinahe höhnischen Pling-Pling ins Waschbecken, um im Abfluss zu verschwinden. So endet unser heutiges »Exrement« doch noch mit einer kleinen Überraschung. Und darauf kommt es beim Experimentieren ja an.

JUNGS GESTALTEN FLUSSLANDSCHAFTEN

Im Frühsommer kann die Bourgogne ganz zauberhaft sein. Jetzt gerade ist sie es aber leider nicht. Finsterste Wolken lasten bleischwer auf den Weinbergen ringsum, der Regen rauscht unablässig hernieder und die Stimmung in unserem winzigen Chalet (das bei Sonnenschein ein herrliches Feriendomizil ist, weil man nur zum Schlafen, Kochen oder Duschen drinnen ist und sich ansonsten draußen aufhält) kippt allmählich ins Gewaltbereite. Beinahe fühle ich mich retraumatisiert. Die Situation hier erinnert mich an die Zeit, in der ich noch anders lebte und arbeitete, in der ich an vielen Abenden und Wochenenden nicht zu Hause war und meine Liebste sich nahezu allein um unsere gemeinsamen Kinder kümmerte. In dieser klassischen Rollenaufteilung kommt es oft dazu, dass man(n) der Frau die Initiative überlässt. Mochte ich auch im Job ein kreativer Kopf, Motivator, Antreiber sein, der seinen Mitarbeitenden ständig neue Ziele steckte und nie um Ideen und Lösungen verlegen war – in der Familie verhielt ich mich passiv und wartete ab. Als sei meine Frau hier die Vorgesetzte, die Inhaberin unseres Familienbetriebes und ich ein freier Mitarbeiter, der dann und wann vorbeischaut und kleinere Hilfsjobs übernimmt. Es ist eine Falle, in die Paare häufig tappen, wenn das erste Kind kommt. Vielleicht kennen Sie das.

Der Albtraum aller Eltern: Wenn vor dem Frühstück schon alles fertig gespielt ist

Der allergrößte Albtraum waren für mich verregnete Wochenenden. Mit dem Kind mal zwei Stunden auf den Spielplatz zu gehen, damit die Liebste wenigstens kurz durchatmen kann, forderte mich schon bei gutem Wetter heraus. Wenn aber draußen endzeitliche Stürme tobten

15

und drinnen meine Frau mit Blick auf unseren (damals noch einzigen) Sohn sagte: »Vielleicht kannst *du* ja mal mit ihm nach draußen gehen, damit er ein bisschen Bewegung und frische Luft bekommt«, war das mein blanker Horror.

Natürlich gibt es tausend tolle Sachen zum Drinnenmachen. Aber irgendein unerforschtes physikalisches Phänomen sorgt dafür, dass freie Zeit mit Kindern bei Regenwetter ungefähr achtmal langsamer vergeht als bei Sonnenschein. Bei Sonnenschein heißt es einfach Handtuch, Badehose, Snacks und ab an den See, schon ist der Abend da. Bei Regen haben wir längst Bilder gemalt, leere Klorollen verbastelt, neunzehn Runden Memory gespielt und *Die Sendung mit der Maus* geguckt, bevor noch überhaupt der Bäcker aufmacht und wir Brötchen fürs Frühstück kaufen gehen. Sie finden, ich übertreibe? Nein, finden Sie nicht.

»Wetterfeste Kleidung« ist relativ

Zurück in die Bourgogne, wo uns der Regen aufs Häuschen trommelt, als säße Lars Ulrich mit seinen Drumsticks auf dem Dach, während wir fünf uns gegenseitig ganz mächtig auf die Nerven gehen.

Jetzt ist Initiative gefragt. Inzwischen bin ich ja kein passives Aushilfselternteil mehr, sondern der selbstbewusste Vater meiner Söhne, der nie um Ideen und Lösungen verlegen ist. Weil sie simpel sind. Nämlich: Regenkleidung an und raus!

Wobei es Auslegungssache ist, was man unter dem Begriff »wetterfeste Kleidung« versteht. Klar, Bob verfügt über Regenjacke, Matschhose und Gummistiefel, aber ich hätte auch keine Lust, das alles anzuziehen. Manchmal sieht man Kinder bewegungsunfähig im Regen stehen mit seltsam abgewinkelten Armen wie Astronauten in ihren Raumanzügen und nachher ist trotzdem Wasser in den Stiefeln. Okay, die Kleiderwahl hängt natürlich von den Temperaturen ab. In unserem Fall

Spaß und Spiel

HAUPTSACHE RAUS!

Egal wie, egal wo: Kinder müssen raus. Der gute alte Spruch, demzufolge es kein schlechtes Wetter, sondern bloß die falsche Kleidung gebe, ist natürlich Bullshit! Es gibt definitiv schlechtes Wetter! Es gibt mieses und böses und vollkommen grauenhaftes, hassenswertes Wetter. Aber wahr ist auch, dass es uns immer guttut, wenn wir uns trotzdem kurz ins Freie begeben.

Gerade an grauen Regentagen, wo einem die Decke auf den Kopf zu fallen droht, kann schon eine halbe Stunde draußen wahre Wunder wirken. Waren wir vorher noch kurz davor, uns zu schweren Gewaltdelikten hinreißen zu lassen (und zwar beide Seiten, sowohl Erwachsene wie Kinder), sind hinterher alle aufgeräumt und heiter (ebenfalls beide Seiten), nippen am heißen Kakao und schauen entspannt den nassen Klamotten auf dem Treppengeländer beim Abtropfen zu.

regnet es zwar wie im Monsun, dafür ist es aber auch genauso warm (fast). Also reichen uns Badelatschen, Shorts und T-Shirt – und schon stürzen wir uns raus ins Vergnügen.

Vor dem Grundstück führt ein breiter Feldweg vorbei. Bob und ich rüsten uns mit allerlei Sandkastengerät und betrachten die urtümliche Flusslandschaft aus reißenden Bächen und Stromschnellen, Mäandern und Nebenarmen, Seen und Dämmen, die sich auf dem Weg erstreckt.

Neue Welten entstehen vor uns

Mit dem Gestaltungseifer schöpfungsmächtiger Weltenbauer stürzen wir uns darauf, leiten um, stauen auf, lassen ab, modellieren die Landschaft nach unserem Willen. Wir messen uns mit den Elementen, sind mal Sieger, mal Verlierer im Kampf mit den Wassermassen. Wir werfen Wälle auf und reißen Mauern ein, bessern manche Dämme aus, andere lassen wir bersten. Ich bin selbst überrascht von der kindlichen Freude, die mich ergriffen hat. Obwohl sich das alles hier auf dem kleinen Abschnitt eines versifften Feldweges abspielt, kommt es mir vor, als hätten wir einen Kosmos für uns.

Jetzt matschen wir zu viert

Zwischendurch blicke ich über die Wiese hinweg zu unserem Chalet. Dort drücken die großen Brüder ihre Nasen an die Scheiben. Vermutlich ringen sie mit sich, ob sie nicht zu alt und zu cool dazu sind, um mitzumachen. Ich winke mit meinem Sandkastenschäufelchen, schon stürmen sie aus dem Haus.

So graben, schaufeln, matschen wir zu viert. Dann schwärmen die Jungs aus, um eine kleine Flotte zusammenzustellen. Stückchen von Baumrinde und Blätter vom Kirschlorbeer halten als Schiffe her, werden mit kleinen Steinchen vom Wegesrand beschwert und gehen auf große Fahrt. So beginnt ein wildes Miniaturrafting, in dessen Verlauf wir alle uns dermaßen bespritzen und durchnässen, als seien wir selber durch die reißenden Fluten gepaddelt.

Doch da ebben die Wasserströme plötzlich ab. Nur kleine Rinnsale kommen noch den Weg zu uns herab und schließlich versiegen auch die. Ohne, dass wir es bemerkt haben, hat der Regen aufgehört, und die Sonne blinzelt hervor.

Schade.

(Fast.)

JUNGS BRATEN DINOSAURIER

Nachdem wir uns in den ersten beiden Geschichten bereits ausführlich dem Matschen (indoor und outdoor) gewidmet haben, drängt sich das folgende Thema im Grunde förmlich von alleine auf. Vermutlich macht es allen Kindern im Kindergartenalter Spaß, ab und zu beim Kochen zu helfen. Sie mögen nicht nur schnippeln, rühren und kneten, sondern bieten sich auch mit großem Engagement als Vorkoster an. Insbesondere bei Speisen, die noch roh sind; vom Kuchenteig bis zum Hackfleisch. Wenn sich im Haus verführerische Düfte verbreiten, tauchen die meisten von ihnen früher oder später in der Küche auf und fragen höflich, ob und wo sie mitmachen können, um sich dann brav in die Küchenhierarchie einzuordnen.

Nicht so mein jüngster Sohn Bob. Sobald er irgendetwas in der Küche klappern hört, ist er sofort zur Stelle, schiebt seinen Tripp-Trapp-Stuhl vor die Arbeitsplatte, klettert hoch und übernimmt das Kommando.

Kleiner Gruß aus der Küche

»Ich schneide die Möhren«, lässt er mich wissen. »Wo sind die Möhren? Wo ist mein Messer?«

»Heute gibt es keine Möhren«, erwidere ich. »Du kannst den Salat waschen.«

»Ich schneide die Möhren«, beharrt Bob. Er geht stets davon aus, dass eine Behauptung zwangsläufig zur Tatsache wird, wenn man sie nur lange genug wiederholt. Und wie so oft, liegt er damit goldrichtig.

»Okay«, seufze ich, hole Möhren aus dem Kühlschrank und schäle sie rasch. »Dann können wir als Vorspeise ein paar Möhren knabbern.«

Kleiner Gruß aus der Küche.

Ich suche für Bob »sein« Messer und »sein« Schneidebrett heraus. Das Brett ist aus Holz und beeindruckt durch einige kunstvoll hineingeschnitzte Strichmännchen. Bobs persönliches Küchenmesser ist noch scharf genug, um Gemüse zu schneiden, aber auch schon so stumpf, dass lebensgefährliche Verletzungen eher unwahrscheinlich sind. Trotzdem empfiehlt es sich (sowieso in einer gut sortierten Küche), spezielle Fingerpflaster in Reichweite zu haben. (Zwar hat Bob sich noch nie geschnitten, ich aber schon häufiger. Und zwar mit dem richtig scharfen Messer. Jedes Mal eine Riesensauerei.)

Nach den Möhren kommt dann endlich der Salat.

»Aber nur, wenn ich auch drehen darf.«

»Klar darfst du drehen.«

Damit meint mein Sohn die Salatschleuder. Mit großer Inbrunst schleudert er, täte das am liebsten stundenlang. Ich habe gelernt, dass Kind plus Salatschleuder eine ungefährliche Mischung ist, solange man eine Hand auf dem Deckel hat. Außer natürlich, Sie wollen ohnehin demnächst neu tapezieren.

Musste das Huhn wirklich für so was sterben?

Unterdessen hab ich da schon mal was vorbereitet. (So sagt man doch in Kochshows?) Konkret sind das Mehl, Ei und Brösel zum Panieren, denn heute gibt es Chicken Nuggets. Auf vielfachen Wunsch sämtlicher Söhne.

»Was schneidest du da?«

»Hähnchenbrustfilet.«

»Du hast doch gesagt, wir machen Nuggets.«

»In der Tat. Und woraus bestehen wohl die Nuggets?«

»Aus Nuggetskruste.«

»Aha. Und was ist in der Kruste drin?«

Kurzes, von Stirnkräuseln unterstütztes Nachdenken, dann die Antwort: »Gebackene Nuggetspampe.«

Ich mag aber nur Pampe!

»Ja, bei McDingsbums vielleicht. Da macht man sie aus Formfleisch.
Aber hier nicht.«

Hier werden sie nämlich aus dem Fleisch ehemals glücklicher, freilaufender Hühner vom Biobauernhof geschnitten. (Jedenfalls meistens.)
Ich fahre im Bewusstsein meiner vorbildlich-öko-fair-gesunden Zubereitung fort, kleine mundgerechte Nuggetstückchen aus dem Fleisch
zu schneiden, während Bob mir missbilligend über die Schulter blickt.

»Die mag ich nicht«, urteilt er schließlich. »Ich mag nur das andere.
Ich mag nur Pampe. Das Frommfleisch.«

»Formfleisch.«

»Formfleisch. Und außerdem will ich Dinos. Dinonuggets. Kennst du
die? Die kommen im Fernsehen.«

Sehr häufig ist »Fernsehen« für Bob ein Synonym zu »Werbung«. Er
schaut Werbung einfach für sein Leben gern. Und wenn die Werbepause zu Ende ist, zappt er manchmal sogar die Kindersendungen
weg, um auf einem anderen Kanal weiter Werbung ansehen zu können. Deshalb hat er natürlich auch jederzeit gute Verbrauchertipps für
seine Eltern zur Hand. Mit welchem Waschmittel die hartnäckigsten
Flecken rausgehen oder auf welchem Online-Nachhilfe-Portal wir seine Brüder mal dringend anmelden sollten ... Oder, dass knusprige
Chicken Nuggets in Dinoform einfach köstlich sind. Beziehungsweise
zumindest so aussehen.

»Mag sein«, brumme ich, »aber hier gibt's die eben nicht.«

»Na gut«, brummt Bob zurück.

Was denn – kein Fußaufstampfen, Zetern und Beschimpfen? Seltsam.
Trotzdem oder gerade deswegen wird plötzlich mein Ehrgeiz gepackt.
Dinonuggets – ich meine, hey, ist nicht der T-Rex mit den heutigen
Hühnern verwandt? Hab ich mal irgendwo gelesen. Rein erdgeschichtlich gesehen ist das schon eine witzige Idee, mithilfe knuspriger Nug-

gets eine kulinarische Brücke vom Anthropozän in die Obere Kreidezeit zu schlagen. Und hatten wir nicht letzte Weihnachten Kekse mit Dinoumriss gebacken? Die Ausstechformen müssen irgendwo sein. Tatsächlich finde ich sie in einer Schublade.

Bob ist natürlich sofort Feuer und Flamme. Wir drücken also die Dinoform ins Hähnchenbrustfilet und – tadaaa … nichts passiert.

»Du musst fester drücken, Papa!«

»Ich drück, so fest ich kann.«

Und zermatsche dabei bloß die Fleischfasern. Ausstechen ist nicht. Stattdessen versuche ich nun, mit dem Messer um die Form herumzuschneiden. Aber die Struktur des Filets widersetzt sich erfolgreich solch tumben Modellierungsversuchen. Am Ende liegt ein zerschundenes Stück Hähnchenbrust vor uns, das man nur mit reichlich Panade noch halbwegs kaschieren kann.

»So sieht aber kein Dino aus«, stellt Bob sachlich fest.

»Nee«, stimme ich zerknirscht zu.

Sellerie ist die Rettung

Vielleicht wäre Formfleisch die bessere Option, um diese Challenge zu bestehen. Aber wie stellt man so was her? Ich werfe doch jetzt nicht das Filet in den Mixer! Da kommt mir plötzlich meine Liebste in den Sinn. Ihres Zeichens Ex-Vegetarierin. Bevor mit der ersten Schwangerschaft wie aus dem Nichts eine gewisse Fleischeslust über sie gekommen war, hatte sie ihre Gäste zum Beispiel mit köstlichen Sellerieschnitzeln zu verwöhnen gewusst. Die, richtig gewürzt, paniert und gebraten, wirklich ungeheuer gut schmecken. Und praktischerweise haben wir im hinterletzten Kühlschrankwinkel noch einen Knollensellerie. Ich schneide zwei Scheiben davon ab und lasse sie fünf Minuten in kochendem Salzwasser vorgaren (wie mir meine freundliche Smartphone-Sprachassistentin auf Anfrage empfiehlt). Und siehe da, nun

 *Alltag und Familienleben*

GESCHMACK ZUM ANFASSEN

Wie werden aus Kartoffeln Pommes frites? Wie sehen Tomaten von innen aus? Wie schmeckt Spinat, der nicht aus dem Eisfach kommt? Riechen und Probieren, Anfassen und (im wörtlichen Sinn) Begreifen sind wichtig, damit Kinder die Vielfalt von Lebensmitteln kennenlernen. Dabei geht es nicht in erster Linie darum, immer nur gesund zu kochen; es geht einfach um die Vielfalt an und für sich. Immer mehr Kinder gehen immer früher ganztägig in die Kita, wo das Essen meist vom Caterer kommt. Wer sich allzu sehr daran gewöhnt, mag irgendwann schlicht keine selbst gemachte Bolognese mit frischen Kräutern mehr – die schmeckt dann einfach zu komisch. Auch zu Hause muss es oft schnell gehen, da sind Fertiggerichte das Mittel der Wahl. Umso schöner ist es, gemeinsam zu kochen und Dinge auszuprobieren, wenn doch mal Zeit vorhanden ist.

lassen sich daraus wundervolle kleine fleischfressende Dinos ausstechen. Panieren, braten, fertig.

Das Panieren übernimmt dann wieder Bob. Natürlich paniert er nicht nur die Nuggets, sondern auch die Arbeitsplatte, die Wand und sein T-Shirt. Aber das musste eh in die Wäsche.

Bob und ich haben indes viel länger gebraucht, als ursprünglich geplant und seine Brüder schieben schon mächtig Kohldampf. Als wir dann endlich servieren, gibt es zweierlei Nuggets – die einen sind eher eckig, die anderen haben die Form von Dinos. Letztere schmecken allen am besten. Natürlich verraten Bob und ich mit keinem Ton, woraus sie bestehen.

JUNGS BESIEGEN »DAS WÄIDA«

Kennen Sie »Das Wäida«? Natürlich kennen Sie »Das Wäida«. Vermutlich kommen Sie bloß gerade nicht darauf. Jedenfalls ist »Das Wäida« eine zentrale Figur in jedem – ja, in wirklich jedem – möglichen Spiel, mit dem kleine Jungs sich die Zeit vertreiben. Deshalb werden wir ihm auch in den folgenden Kapiteln immer wieder mal begegnen. Wer noch dabei ist, sich seine Muttersprache mit Wortschatz und Grammatik anzueignen, ist doch froh, die bestimmten Artikel der/die/ das an passender Stelle verwenden zu können. Wie soll man bitte schön darauf kommen, dass es sich in diesem speziellen Fall gar nicht um einen Artikel handelt, sondern um einen gängigen Titel für Sith-Lords? Jedenfalls vor langer Zeit in einer weit, weit entfernten Galaxis. Wer große Brüder hat, wächst vermutlich ganz unweigerlich in das von George Lucas erschaffene und von unzähligen anderen Köpfen weitergesponnene Star-Wars-Universum hinein, ohne überhaupt zu begreifen, dass es sich dabei um mehr handelt als eine bloße Merchandising-Maschine für Games und Legofiguren, Sammelkarten und Bettwäsche.

»Sag mal, Papa, stimmt es eigentlich«, fragte mich mein mittlerer Sohn einstmals, »dass es von Star Wars auch Filme gibt?«

You name it.

Der Böse ist immer »Das Wäida«

Mit seinen vier Jahren weiß Bob noch nichts von den Verlockungen der Dunklen Seite und dem beklagenswerten Schicksal des jungen Anakin Skywalker, der unter den Händen des Imperators zu Darth Vader wurde. Aber wann immer seine Brüder mit ihren Plastik-Lichtschwertern aufeinander losgehen, hat »Das Wäida« irgendwie damit zu tun. Und wie wir alle greift auch mein jüngster Sohn auf Bekanntes zurück, wenn ihm Unbekanntes begegnet. Etwa der unbekannte Karton, den wir beim Aufräumen auf dem Speicher entdecken. Darin finden sich Handpuppen verschiedener Generationen. Manche sind neu und bunt, andere alt und abgegriffen, wieder anderen hat eine hilfreiche Hand neue Kleider an die gebleichten Holzköpfe getackert. Der Kasperle ist da, sogar mehrfach. Wir haben eine Oma, zwei Polizisten, drei Krokodile, einen Seppel und eine Hexe, einen Zauberer und eine Gretel sowie ein Königspaar und ein paar nicht zu identifizierende Statisten. Wobei ... Gretel? Macht die beim Kasperletheater eigentlich mit? Das war doch die Kleine aus Faust. Nee, warte – bei Hänsel und Gretel natürlich. Hm.

Selbst das Smartphone bleibt eine eindeutige Antwort auf die Frage schuldig, welche Figuren eigentlich zu einem Kasperletheater gehören und welche nicht. Es verweist lediglich – Wikipedia zitierend – auf die lange Geschichte des Kasperletheaters, das ursprünglich ein Jahrmarktvergnügen war, bei dem die Hauptfigur einfach alle möglichen Leute totschlug – was der einfachen Bevölkerung wohl ein Ventil für den Umgang mit ihren Aggressionen bot.

Kurzer Seitenblick auf meinen Vierjährigen: jep. Ventil für Aggressionen ist super. Und auf dem Speicher ist sogar noch das eigentliche Kasperletheater mit Vorhang und wechselbaren Kulissen, wie es meine Schwägerin in liebevoller Heimarbeit einmal für unsere Kinder selbst gezimmert hat.

Derweil wühlt Bob im Karton und wird nicht fündig.

»Wo ist denn Das Wäida? Ist da gar kein Wäida dabei?«

»Wofür brauchen wir denn einen Das Wäida?«, will ich wissen.

»Na, weil das der Böse ist. Das Wäida ist immer der Böse und ohne einen Bösen können wir kein Theater machen.«

Logo. Ohne Konflikt keine Handlung. Hab ich auch schon mal gehört, schließlich schreibe ich nebenbei Romane. Und schon fange ich an, einen Plot zu bauen.

Planvoll und mitleidlos

»Also, pass auf, ich habe eine Idee: Der grausame König unterdrückt das Land, der Polizist versucht, den Kasperl als Spitzel anzuwerben, doch der verliebt sich in die Gretel, die allerdings zum Widerstand gehört, gemeinsam mit dem Seppel, während das Krokodil in einer Rückblende …«

Der Rest meiner Handlungsskizze geht in Buhrufen unter. Na gut, manchmal können zu viele Personen und Handlungsstränge eine Geschichte auch ruinieren. Minimalistisch geht es doch auch. Ganz oft ist ja ein Zweipersonenstück von viel höherer Intensität als irgendwelche epischen Dramen. Der Vorteil liegt zudem darin, dass Bob beide Figuren alleine spielen kann. So kann ich das Publikum sein. Wozu baut man schließlich ein Theater auf, wenn es kein Publikum gibt?

Beginnen wir nun mit dem Casting. Nach längerem Hin und Her besetzen wir schließlich den König für die Rolle »Das Wäidas«, denn an seiner Krone lässt sich noch am ehesten ein schwarzes Stück Pappe befestigen, das wir zuvor ungefähr in Form von Darth Vaders Maske zu-

rechtgeschnitten haben. Als Gegenspieler und Vertreter der guten und gerechten Sache (unerheblich, worin die jetzt eigentlich besteht) wird niemand Geringeres als das Krokodil in Erscheinung treten. Eine absolute Topbesetzung, wenn Sie mich fragen.

Die Handlung ist extrem verdichtet und konzentriert sich ganz auf den zentralen Konflikt der Geschichte. Gleich, nachdem sich der Vorhang gehoben hat, beginnt das Krokodil damit, »Das Wäida« erbarmungslos zu massakrieren. Es geht dabei so planvoll und mitleidlos vor, dass es mir eiskalt den Rücken hinunterläuft.

Die verstörende Inszenierung ist dazu geeignet, den Zuschauer wachzurütteln und aus seiner bildungsbürgerlichen Scheinwelt zu reißen. Zirka siebenmal spende ich frenetischen Schlussapplaus, weil ich jeweils denke, jetzt sei das Stück definitiv zu Ende. Aber »Das Wäida« erweist sich als Stehaufmännchen und gibt erst dann den Löffel ab, als ich aufstehe und eigenhändig den Vorhang fallen lasse.

Vater und Sohn

THEATERKRITIK

Loben Sie alles, was man Ihnen vorführt. Möglicherweise werden Sie staunen, über welch vielfältige Stöhn- und Röchellaute Ihr Kind verfügt, um den Todeskampf seines Antagonisten auf die Bühne zu bringen. Was man eben heutzutage im Kindergarten so alles lernt. Kinder sind dankbar für Publikum. Setzen Sie der Fantasie des jungen Dramaturgen keine Grenzen. Der Länge des Stückes hingegen sehr wohl. Und antworten Sie nicht vorschnell auf die Frage, ob Sie die besten Stellen noch mal anschauen möchten; außer, Sie haben an diesem Tag keine weiteren Verpflichtungen mehr.

JUNGS ERFINDEN FOUR-LETTER-WORDS

Das Hören und freie Übertragen englischer Eigennamen und Begriffe beschränkt sich ja leider nicht auf Filmfiguren und zur Not noch Songtexte.

Neulich stolpert Bob in mein Arbeitszimmer und verschüttet dabei ein halbes Glas Wasser.

»Wotzefackju!«, schimpft er.

»Bitte? Woher kennst du solche Wörter?«

»Vom Erkan«, erklärt er stolz. »Der hat es vom Sven-Ferdinand. Und der hat es von seinem großen Bruder.«

»Aha. Aber weißt du denn eigentlich auch, was das bedeutet?«

»Nö.« Stirnrunzeln. »Ich glaube, es heißt schade. Also das andere Schade.«

Na klar, das »andere Schade«. Wir hatten mal versuchsweise eingeführt, anstelle eines schönen und kräftigen deutschen Wortes mit »Sch...« einfach »schade« zu sagen. (Was mir selbst leider viel schwerer fällt als meinen Jungs.) Mir liegt auf der Zunge, ihm die verschiedenen Bedeutungen von »What the f***« und »F*** you« auseinanderzusetzen. Doch damit sollte ich wohl bis zur Grundschule warten.

»Hör zu«, sage ich, »ich will nicht, dass du das Wort benutzt.«

»Warum nicht?«

Vollkommen unschuldige Augen blicken mich arglos an.

»Nun …«, beginne ich, »es ist … unangemessen.« So sagen doch gern die Angelsachsen zu ihren berühmten Four-Letter-Words, nicht wahr?

»Das bedeutet, Menschen können sich verletzt fühlen, wenn sie das Wort hören.«

»Gar nicht«, widerspricht Bob, »wie sollen die verletzt sein? Ich haue doch nicht, wenn ich das sage.«

»Sie werden eben traurig oder wütend, es beleidigt sie. Was auch immer, ich kann es nicht besser erklären … Vergiss das Wort, okay? Benutze es einfach nicht mehr.«

»Sch… schade«, murmelt er niedergeschlagen. »Das ist echt voll gemein. Wotzefuckju.«

Das andere Schade

Hm – was tun? Praktischerweise bin ich kurz vorher auf Facebook zufällig dem großartigen Blog unerzogen.com begegnet. Dort schreibt Bloggerin Ruth, wie Nein-Sagen geht. Ihr Tipp: »Bieten Sie Alternativen an!«

»Gut, lass uns überlegen«, sage ich, »was du stattdessen sagen könntest, wenn du dich über was ärgerst.«

»Kacke?«

»Nee.«

»Pipi?«

»Schon eher. Das wäre zumindest witzig.«

»Pups?«

»Gefällt mir«, nicke ich, schlage meine Kladde auf und beginne, mir Notizen zu machen. »Was für ein Pups?«

»Ein Riesenpups.«

»Mega oder eher so ultra?«

»Nee, beides. Mega-ultra-Pups. Mega-ultra-Pups-Schade.«

»Großartig.« Ich notiere den Begriff. Dann frage ich: »Wie sieht der Pups aus?«

»Hä?« Ich hasse es, wenn meine Söhne mich so anschauen, als hätte ich komplett den Verstand verloren. »Einen Pups kann man doch gar nicht sehen.«

»Aber stell es dir einfach mal vor«, ermuntere ich ihn. (Es könnte damit zu tun haben, dass ich eigentlich gerade mitten in der Vorbereitung meines nächsten Seminars für Kreatives Schreiben steckte, bevor er hier hereinplatzte.) »Wenn man einen Pups doch sehen könnte, wie sähe der dann aus?«

»Verknümpelt«, sagt er, ohne nachzudenken. »Ähm … Papa, gibt es das Wort überhaupt?«

»Jetzt schon«, freue ich mich. »Nur weiter, mein Sohn!«

»Verknümpelt, bepömmelt, rawutzelt«, zählt er auf.

Ich muss mich beeilen, mitzukommen. Verzückt betrachte ich dann meine Notizen und verkünde: »Sagen wir also in Zukunft, wenn irgendwo was runterfällt: Bepömpelter Mega-ultra-Pups-Schade.«

»Ja!«

Bob ist begeistert, läuft durchs Haus und übt das neue Wort, reißt das Fenster auf und schreit es auf die Straße hinaus.

Und als ich das Fenster wieder schließe und zufrieden mit mir und meinen Erziehungsmethoden an den Schreibtisch zurückkehre, sehe ich erst, dass wir vergessen haben, das verschüttete Wasser aufzuwischen. Wotzefackju!

 *Von Mann zu Mann*

RESONANZ IST WAS TOLLES

Wir alle wollen Resonanz. Je stärker, desto besser. Zum Beispiel so: Kommt das Kind rein, sagt: »Guck mal, was ich gemalt hab.« Ich so: »Hm … brummel … ja, toll, fein, tschüss.« Kommt das Kind rein und sagt: »Ficker!« Ich bin sofort ganz präsent, springe auf, schimpfe und drohe. Resonanz halt. Bestimmte Wörter sind wie Zaubersprüche, sie setzen ungeahnte Energien frei. Damit kreativ umzugehen oder sie einfach eine Weile zu ignorieren, hilft meist, damit die Wörter von allein wieder verschwinden. Ist aber verdammt scheißschwierig, ich weiß.

JUNGS LASSEN **TIERE** FREI

»Papa«, Bob baut sich vor mir auf und erklärt stolz:»Ich habe vier Ameisen getötet.«

Ich sitze im Garten, hatte erfreut registriert, dass er sich gerade wunderbar allein beschäftigt, und mich in die Korrektur eines dicken Stapels frischer Druckfahnen vertieft. Wobei mich die himmlische Ruhe eigentlich hätte stutzig machen sollen.

»Bepömpelter Mega-ultra-Pups-Schade«, tadele ich ihn,»was haben dir die armen Ameisen bloß getan?«

»Nichts.«

Ich erhebe mich aus meinem mega-ultra-bequemen Gartenstuhl und nehme das Schlachtfeld in Augenschein. Auf einer Gehwegplatte kräuseln sich die winzigen Überreste der bedauernswerten Insekten.

Schau, wie gut ich töten kann!

»Warum hast du sie getötet?«, frage ich,»wenn sie dir nichts getan haben? Etwa aus Spaß?«

»Die waren doof, die sollten weg sein.«

»Dann hättest du sie doch einfach auf deine Schaufel nehmen und wegtragen können.«

»Nee, ich wollte schon eigentlich, dass sie tot sind. Guck, da kommen noch zwei. Pass auf, jetzt zeige ich dir, wie gut ich die töten kann.«

»Neiiiiin!«, schreie ich und falle ihm im letzten Augenblick in den Arm. Beziehungsweise in den Daumen, denn Bob ist sich nicht zu schade, seine Tötungsabsicht mit bloßen Händen ins Werk zu setzen.

»Schau mal«, sage ich,»hast du schon einmal überlegt, was für faszinierende Tiere das eigentlich sind? Sie können erstaunlich viel Zeug tragen und in großen Gruppen prima zusammenarbeiten. Sie haben sogar eine eigene Königin.«

Werte und Gefühle

EMPATHIE DURCH HINGUCKEN

Für kleine Kinder ist es schwer, den Unterschied zwischen Spielzeugtieren und lebendigen Geschöpfen auch in seiner ethischen Dimension zu erkennen. Einer Fliege die Flügel auszureißen, ist für uns eine sinnlose und grausame Tierquälerei, für Kinder vielleicht ein spannendes Experiment. Etwa ab dem Kindergartenalter beginnen sie, ihre Empathiefähigkeit auszubilden; also die Kompetenz, sich in die Gedanken und Gefühle anderer hineinzuversetzen.

Wollte man versuchen, den aus griechischen Wortteilen gebildeten Begriff »Empathie« ganz exakt zu übersetzen, würde das in etwa »In-Leiden« bedeuten, also in das Leid eines Fremden hineinzuschlüpfen. Oder, wie viele von uns lapidar zu ihrem Kind sagen: »Du darfst die Chantal nicht beißen – überleg doch mal, wie weh das tut.«

So haben wir Menschen also die Fähigkeit, uns gedanklich und gefühlsmäßig das Leid anderer zu eigen zu machen – und daran unser eigenes Handeln zu messen. Das geht natürlich besser, wenn jener »andere« etwas größer ist als bloß ein paar Millimeter. Da hilft es, sich diesen »anderen« einmal etwas genauer anzuschauen.

»Ist das da die Königin?«

»Ähm … nein, ich glaube nicht.«

»Dann kann ich die ja töten.«

»Jetzt warte doch mal!«

Irgendwo hat der mittlere Sohn doch so ein Plastiktierbeobachtungsdosending mit Vergrößerungsglas obendrauf. (Später, während ich diese Zeilen hier tippe, wird mir das Internet verraten, dass das Teil schlicht »Becherlupe« heißt. Gibt's ab 2 Euro.) Wir finden schließlich diesen Becher in einem natürlich ziemlich hinterletzten Regal, fangen ein paar Ameisen und betrachten sie stark vergrößert, wie sie in dem Gefäß herumwuseln.

Wir tauchen ein in die
Welt der Winzlinge

Plötzlich sind die kleinen Insekten auf Augenhöhe mit uns und beeindrucken meinen Sohn außerordentlich. Er lässt ein paar Grashalme hineinfallen und eine tote Fliege (die war ehrlich vorher schon tot, Bob hat sie aus dem Planschbecken gefischt) und wir schauen zu, wie die fleißigen Gliederfüßer sich mit komplexen Bewegungen daran zu schaffen machen. Faszinierend. Und dann kommt der schönste Moment: Wir lassen die Tiere frei.

»Ihr könnt gehen«, verkündet Bob feierlich und schüttelt den Becher aus, dass die verdutzten Ameisen nach allen Seiten fliegen.

Weil gerade auch das Freilassen so schön ist, bitten wir als Nächstes einen Regenwurm in unseren Becher, danach eine herrlich leuchtende grüne Stinkwanze (dass sie so heißt, wissen wir natürlich aus *Biene Maja*) und fangen am Ende sogar noch (apropos Maja) einen richtigen Grashüpfer ein. Die Welt der Winzlinge ist ein riesiger Kosmos und am Ende dieses Nachmittags haben wir viel Neues gesehen.

Zum Schluss will ich das Becherlupending wieder an seinen Platz in besagtem hinterletztem Regal stellen, da entdecke ich plötzlich eine fiese Spinne an der Wand. Schon will ich das gruselige Ding auslöschen, weil ich finde, dass Spinnen einfach doof sind und weg sein sollen. Meine Empathie für diese Achtbeiner ist außerordentlich gering. Aber zumindest für dieses eine Mal besinne ich mich und lasse die Spinne, wo sie ist. Ist ja auch ein faszinierendes Tier, irgendwie.

JUNGS RÄCHEN SICH DURCH ROLLENSPIELE

»Kannst du was mit mir spielen, Papa?«, fragt Bob.

»Aber ja doch. Mal sehen … Eisenbahn oder Baukran, oder wollen wir wieder wie neulich Sprungschanzen für Autos bauen?«

»Nein«, sagt er. »Ich will heute was Richtiges spielen.«

»So. Und was wäre das?«

»Was mit echten Leuten. Wie Vater-Mutter-Kind.«

»Hm«, überlege ich, »wir könnten zumindest Vater-Kind spielen. Machen wir zwar eh den ganzen Tag, aber wie wäre es, wenn wir einmal die Rollen tauschen?«

Spieglein, Spieglein, Elternrolle

Bob findet die Idee gut. Und für mich folgt die härteste Viertelstunde seit Ende meiner Schulzeit. Ich muss meine Jacke ordentlich aufhängen, Zähne putzen, Hände waschen, kriege keinen Apfelsaft und darf nicht fernsehen, muss die Zähne noch einmal putzen, aber diesmal gründlich, kriege am Ende immerhin eine Geschichte erzählt und bin fast dankbar dafür, dass ich früh ins Bett muss.

Doch mein Sohn zieht eine durchwachsene Bilanz dieses Spiels: »Ohne Mutter ist Vater-Mutter-Kind blöd.«

»Man kann ja auch Vater-Vater-Kind spielen«, sage ich aus meinem emanzipatorischen Erziehungsverständnis heraus. »Oder Mutter-Mutter-Kind oder Vater-drei-Kinder-Mutter-ist-Geschäftsführerin-und-kommt-wegen-Meetings-spät-nach-Hause.«

»Nö. Dann lieber Kaufladen.«

Ach was, denke ich. Neulich, als wir auf dem Speicher waren, fand er den Kaufladen noch voll uninteressant. Spielen war für meinen Jüngsten bislang identisch mit Bauen, Konstruieren, Ausprobieren (vor al-

Spaß und Spiel

SPIELEND DIE WELT VERSTEHEN

Durch Rollenspiele verarbeiten Kinder Erlebnisse aus ihrer Alltagswelt, probieren (soziale) Rollen und verschiedene Beziehungsformen aus. Sie schlüpfen mit Spaß und Ernst zugleich in andere Charaktere, die mal mehr (Vater-Mutter-Kind), mal weniger (König, Polizist, Profikiller) mit ihrem eigenen Umfeld zu tun haben. Immer aber, auch wenn der Inhalt des Spieles noch so magisch und fantastisch daherkommt, zeigen Kinder uns beim Rollenspiel, wie sie die Welt sehen – und uns. Deshalb ist das Rollenspiel mit den eigenen Kindern immer auch ein ziemlich erhellender Blick in den Spiegel.

lem die Erdanziehungskraft) und Sachen-sich-Bewegen-Lassen (Eisenbahn, Seilbahn, mich). Anscheinend entdeckt er nun langsam das Rollenspiel für sich.

Servicewüste Kinderzimmer

Wir holen also den Kaufladen vom Speicher: Theke und Regale, Körbe mit frischem Obst und Gemüse aus Holz, Milchtüten und Cornflakespackungen im Miniaturformat, diverse Markenprodukte, die aussehen, als hätte jemand tatsächlich einen Supermarkt geschrumpft. Supermärkte kennt mein Sohn natürlich, einen klassischen Kaufladen hingegen nicht – woher auch? Tante-Emma-Läden gab es ja schon in unserer eigenen Kindheit längst nicht mehr.

Also klären wir zunächst, dass er hier der Verkäufer ist – ja, so ähnlich wie an der Fleischtheke im Supermarkt, genau. Und, ja, ich nehme gern eine Scheibe Fleischwurst, Danke schön.

Dann würde ich gern einkaufen.

»Palim-Palim«, rufe ich, muss lachen und untersage mir, eine Flasche Pommes frites zu bestellen.

»Was soll das?«, fragt Bob unwirsch.

»Na, die Türglocke. Palim-Palim macht die Glocke, wenn ich die Tür öffne.«

»Gar nicht«, urteilt mein Sohn. »Die Tür geht doch von alleine auf.«

»Okay. Jetzt bin ich ja erst mal drin. Und ich hätte gern ein Pfund Kaffee, bitte.«

Doch der Verkäufer schüttelt entschieden den Kopf.

»Zu teuer«, meint er.

»Bitte?« Ich zähle mein Spielgeld ab. »Warum?«

»Zu teuer«, wiederholt er, »such dir was anderes aus.«

»Hm …«, mache ich verunsichert, »wie wäre es dann mit diesem Glas Bockwürstchen dort im Regal?«

Wieder schüttelt er den Kopf.

»Brauchst du nicht. Hast du noch welche zu Hause.«

»Ach so … dann bitte sechs Eier.«

»Geht nicht.«

»Wieso nicht?« Langsam werde ich sauer. »Zu Hause hab ich keine mehr und ich möchte meinem eigenwilligen vierjährigen Sohn heute Abend Pfannkuchen backen. Also, warum verkaufen Sie mir keine Eier?«

»Tut mir leid«, sagt er, »wir haben schon zu.«

Tja. Da stehe ich bedröppelt vor der Ladentür, ohne Kaffee, Wurst und Eier und besinne mich schuldbewusst der drei häufigsten Phrasen, die ich benutze, wenn meine Kinder ganz dringend irgendetwas kaufen wollen, das ich nicht kaufen möchte: »Zu teuer!«, »Brauchen wir nicht!« und »Die Geschäfte haben schon zu«.

Oh Mann, Servicewüste Kinderzimmer.

JUNGS IM HIMMEL DUSCHEN NICHT

Tierpark geht eigentlich immer. Es ist einer dieser Samstage, an denen alle irgendetwas vorhaben. Nur mein Jüngster und ich nicht. Die Rehe füttern, Ziegen streicheln, Spielplatz und ein großes Eis – das hat sich als Halbtagsprogramm absolut bewährt.

Doch als wir heute zum ungefähr dreitausendsten Mal auf dem Parkplatz halten, rennt Bob nicht gleich los wie sonst, sondern schaut interessiert auf das andere Tor, das zu einem anderen Park führt.

»Was ist dahinten eigentlich«, will er wissen, »ist das auch ein Tierpark?«

»Nein. Ein Friedhof. Da liegen Menschen begraben.«

»Ui!« Leuchtende Kinderaugen. »Können wir mal gucken?«

Ich zögere. Weiß selber nicht, wieso.

»Können wir machen.«

Wo sind die vergrabenen Menschen?

Wir lassen also den Tierpark links liegen und betreten den Friedhof. Bob ergreift meine Hand. Es ist keine Scheu oder Unsicherheit, sondern der besondere Ernst des Ortes, den er anscheinend spüren kann. Zugleich aber lastet dieser Ernst nicht schwer auf uns. Es ist Sommer, in den uralten Bäumen zwischen den Grabreihen zwitschern Vögel unverdrossen vor sich hin. Eine alte Frau, die ihre Gießkanne füllt, nickt uns freundlich zu.

»Wo sind jetzt die vergrabenen Menschen?«, fragt Bob.

»Da, dort, hier, überall. Auf den Steinen steht, wer sie waren und wie lange sie gelebt haben. In manchen Gräbern liegen auch zwei.«

»Wie heißen die?«

»Annegret und Friedhelm«, lese ich vor und rechne die Lebensdaten hoch. »Sie waren beide sehr, sehr alt, als sie gestorben sind.«

Mein letzter Satz klingt wie eine Entlastung, als könnte ich damit den Schrecken des Todes ein wenig bannen. Vielleicht soll es meinem Kind die Furcht nehmen. Oder mir selber. Wie in einem kurzen Trailer flackern in meinem Kopf Bilder aus dem Leben zweier völlig fremder Menschen auf ... Kindheit zwischen Hyperinflation und Stummfilmkino, vielleicht Flakhelferdienst im Krieg, dann Wiederaufbau, Beruf und Familie, Kinder, Enkel, Altersheim, Doppelgrab.

Dresscode im Himmel

»Warum liegen die zusammen in einem Loch?«, fragt Bob.

»Da können sie für immer beieinander sein«, sage ich, »für alle Ewigkeit.« Fast kriege ich dabei eine Gänsehaut.

»Sind die denn für immer in dem Loch?« Er runzelt die Stirn. »Ich dachte, Tote kommen in den Himmel.«

»Die Seele kommt in den Himmel«, versichere ich ihm und merke, während ich das ausspreche, dass ich mit diesem Satz ein Riesenfass aufmache.

»Was ist denn die Seele?«

Hey, bin ich nicht zufällig Diplom-Theologe? Kann ich nicht freihändig über Leib-Seele-Einheit, über Geist und Menschenwürde referieren? Hier jedenfalls nicht.

»Alles, was du denkst und fühlst, was du willst und magst, das ist deine Seele«, versuche ich zu erklären. »Wenn du froh bist oder traurig oder wenn du jemanden ganz lieb hast und das fühlst. Immer dann spürst du deine Seele.«

»Und wie ist das dann so im Himmel?«

Langsam komme ich ins Schwitzen, meine Gedanken werden immer abstrakter, aber ein Vierjähriger bleibt auch bei den letzten Fragen der Menschheit eher pragmatisch.

»Was hat man da zum Beispiel an?«

»Ähm … nichts. Oder alles. Keine Ahnung. Da bist du ganz frei, glaube ich. Du bist einfach, wie du sein willst.«

»Aber dann muss man im Himmel niemals duschen und die Haare waschen.«

»Nein«, schmunzle ich. »Im Himmel ist man bestimmt immer ganz sauber. Oder, wenn man nicht sauber ist, dann ist es jedenfalls ganz egal.«

Mein Sohn nickt zufrieden.

»Papa, wann sterbe ich denn eigentlich?«

»Noch ganz lange nicht«, sage ich.

»Nächste Woche?«

»Erst, wenn du ein ganz alter Opa bist, würde ich sagen.«

»Dann können wir ja vorher noch in den Tierpark gehen.«

Allerdings. Und das machen wir dann auch.

Werte und Gefühle

DER TOD GEHÖRT ZUM LEBEN

Irgendwann fragen Kinder nach dem Tod. Manchmal ganz akut, wenn ein Angehöriger stirbt; manchmal einfach so, weil diese Fragen zum Leben dazugehören. Ähnlich gelagert ist die Frage: »Wo war ich eigentlich, bevor ich geboren wurde?« Das Kind erkennt, dass wir nicht immer schon existiert haben und nicht immer existieren werden. Ich finde es wichtig, dass wir der Frage nicht ausweichen, die Motivation des Kindes aber auch nicht überinterpretieren. Die Kinder spüren meist selbst ganz gut, wann sie zu dem Thema genug gehört haben.

JUNGS KONZIPIEREN **LAND ART**

Anders, als ich es von seinen großen Brüdern im Kindergartenalter gewohnt war, kann Bob dem Malen nicht allzu viel abgewinnen. Wenn Sie die vorherigen Geschichten gelesen haben, sehen Sie vermutlich einen Jungen vor sich, der am liebsten irgendetwas baut, konstruiert oder zusammenrührt; der – wie man das so schön nennt – eher haptisch veranlagt ist. Wenn er aber dann doch einmal malen will, sollen es deshalb auch nie die Buntstifte oder Wachsmaler sein, sondern Wasser- oder noch lieber Fingerfarben. Und weil es dabei im wahrsten Sinne des Wortes manchmal recht bunt zugeht, nehmen wir an diesem milden Spätsommernachmittag Zeichenblock, Farbkasten und Pinsel einfach mit raus in den Garten.

Obwohl der olle Plastiktisch absolut abwaschbar ist, habe ich als Unterlage eine alte Zeitung ausgebreitet. Sicher ist sicher. Und siehe da, nachdem Bob mit wenigen Pinselstrichen ein ziemlich abstraktes Piratenschiff aufs Blatt geworfen hat, fährt er mit dem Bemalen der Zeitung fort. Aber auch das währt nur kurz, denn die Tischbeine scheinen ein noch interessanterer Untergrund zu sein.

 *Spaß und Spiel*

GESTALTERISCHE FREIHEIT

Fantasie braucht Freiheit. Sollten Sie Ihren Sohn irgendwie für unkreativ halten, versuchen Sie es doch einfach mal mit einem veränderten Setting. Wasserfarbe im Garten hat allerdings einen kleinen Nachteil: Irgendwann wäscht der Regen alles wieder blitzblank sauber. Wobei ... genau betrachtet ist das ja wiederum ein Vorteil.

Hatte ich erwähnt, dass man Verbote möglichst mit Alternativen verbinden soll? Aber was könnte das sein? Da. Noch während meine Schimpftirade auf den Sohn herniedergeht (»Jetzt muss ich das alles abwaschen, so eine Sauerei, voll der Hyper-Giga-Pups, Mann!«), fällt mein Blick auf einen formschönen Wackerstein. Diesen Monolithen hatte Bob neulich irgendwo auf der großen Brachfläche ausgegraben, die an unseren Garten grenzt, und das gute Stück mit aller Kraft bis zu unserem Sandkasten geschleppt.

»Den Felsbrocken da kannst du meinetwegen anmalen«, brumme ich. Zu meiner Riesenüberraschung ernte ich schiere Begeisterung.

»Du musst aber mithelfen, Papa.«

Na gut. Ich wuchte das Teil auf den Tisch mit der Zeitungsunterlage und nehme mir auch einen Pinsel. Bald überzieht ein leuchtend buntes Mosaik den Stein und ich merke, wie viel Spaß es mir plötzlich selber macht. Mit dem Pinsel über die unebenen Flächen zu fahren, das Material zu spüren, hat beinahe etwas Meditatives. Schon verlegen wir uns auf eine Gehwegplatte, dann auf die Kieselsteine am Rand, die kurz darauf wie bunte Ostereier schimmern, danach rücken wir dem Stamm der Birke zu Leibe. Nach einer Stunde sieht unser Garten aus wie ein Zauberwald.

JUNGS SIND KEINE IMPFGEGNER

Morgens komme ich immer so schwer aus dem Bett, dass ich den Wecker mindestens eine Viertelstunde früher stelle, dann kann ich mich dank der Schlummerfunktion dreimal wieder umdrehen und (kurz) weiterdösen. Leider wird mich meine Liebste eines Tages deswegen verlassen. Doch dieser Tag ist nicht heute, denn heute bin ich schon vor dem ersten Klingeln hellwach. Der Grund kommt aus Bobs Zimmer und klingt nach einer alten Dampflok.

Die Art dieses Hustens lässt mich schlagartig alle Pläne für den Tag im Kopf durchgehen. Denn dreifache Eltern sind irgendwann erfahren genug, um beim ersten Ton des Kindes abzuchecken, ob es mit *diesem* Husten in die Kita gehen kann oder nicht. Kann es nicht, höre ich, wälze mich aus dem Bett und gehe hinüber zu Bob. Dem Ärmsten kleben die verschwitzten Haare an der fieberheißen Stirn und sein ergreifendes Röcheln macht einen dicken roten Strich durch meine heutige Agenda.

Wir machen erst mal ein Kalender-Duell

Jetzt ist auch die Liebste wach. Noch vor dem ersten Kaffee machen wir eine Art Kalender-Duell: Hat sie irgendwelche Meetings, wenn ja, sind sie wichtig? Hat sie, und zwar beides. Hab ich irgendwelche Lesungen, Abgabefristen oder einen unaufschiebbaren Friseurtermin? Nee, ich habe einfach bloß einen ganz entspannten Tag am Schreibtisch vor mir. Gehabt.

»So, wie er sich anhört«, sagt sie, »sollten wir ihn mal abhören lassen.«

Ja, das sehe ich auch so. Also folgt ein Anruf beim Kinderarzt.

»Kommen Sie vorbei, am besten gleich. Aber bringen Sie Zeit mit, es wird voll.«

Tatsächlich ist das Wartezimmer überfüllt mit hustenden, niesenden, schniefenden Kindern aller Altersstufen – und natürlich ihren Müttern. Ich bin mal wieder der einzige Mann hier.

Frauen und Männer sind gleichberechtigt. Dieser Satz gilt in der Theorie und auch weitgehend in der Praxis immer so lange, bis ein heterosexuelles Paar gemeinsame Kinder bekommt. Auch die schärfsten Frauenquoten werden an der Verteilung der Geschlechterrollen nichts ändern, wenn für die Kinder in letzter Instanz doch stets die Frau verantwortlich ist. Tatsächlich sprechen ja viele Gründe dafür, dass die Mutter vor allem während der ersten Monate für das Baby da ist; nicht nur wegen des Stillens. Umso schwieriger ist es für ein Paar, später die Balance wiederherzustellen, wenn die Kinder älter sind und die körperliche Bindung nicht mehr so im Vordergrund steht.

Auch unfreiwillige Entschleunigung tut gut

Wer bleibt zu Hause, wenn das Kind krank ist? Beinahe eine Gretchenfrage des Zusammenlebens für ein modernes Paar. Ruft die Frau im Büro an und meldet sich ab, weil sie ihr krankes Kind pflegen muss, ist dort zwar niemand begeistert – wird aber meist auch nicht infrage gestellt. Meldet sich hingegen der Mann ab, können viele Arbeitgeber die Frage: »Wieso, was ist denn mit Ihrer Frau?« nur mühsam unterdrücken.

Als freier Autor muss ich mich zwar vor keinem Arbeitgeber rechtfertigen, aber vor Veranstaltern, die mit mir Lesungen oder Workshops planen. Ich habe Recherchetermine, Interviews und Deadlines und finde es noch immer jedes Mal richtig *schade* (ich meine das *andere Schade*), wenn ich wegen eines kranken Kindes zurückstecken muss. Andererseits bedeutet es mir viel, dass meine Kinder mich gerade auch in solchen Situation als verlässliche Bezugsperson erleben.

Die meisten von uns Männern neigen ja dazu, wenn wir selbst krank sind, einfach weiterzuarbeiten, bis es nicht mehr geht (außer beim berüchtigten Männerschnupfen natürlich). Und auch an diesem Tag hoffe ich auf ein oder zwei Stündchen am Schreibtisch. Doch als wir endlich vom Kinderarzt zurück sind, ist Bob erst mal aufgekratzt. Wir müssen den Arztbesuch nachspielen, diesmal mit mir als Kind, wobei abweichend von der Realität eine riesige Batterie Spritzen zum Einsatz kommt. Gott sei Dank nur im Spiel, sonst sähe mein Arm jetzt aus wie der eines Junkies. Ich stelle fest, dass mein Sohn wohl später eher keiner dieser notorischen Impfgegner werden wird.

Als der Fiebersaft dann endlich zu wirken beginnt, legen wir uns zusammen ins Bett und er schläft bald tief und fest. Jetzt schnell runter ins Arbeitszimmer, denke ich, nur noch kurz mal umdrehen … und schon bin ich selber eingeschlummert. Diesmal ohne Schlummertaste.

Von Mann zu Mann

KRANKE KINDER BRAUCHEN UNS

»Kranke Kinder gehören nicht in die Kita, kranke Kinder brauchen ihre Mutter.« Finden Sie den Fehler in diesem Satz! Genau. Es muss heißen: ein Elternteil. Unsere Klischees wollen es natürlich so, dass Mütter ihr Kind viel besser pflegen, umsorgen und betüddeln können, als es Väter können (wollen). Und vielleicht ist da ja wirklich was dran. Doch genau das kann auch wohltuend sein, oder nicht? Mag die Mama den Kümmer-Stil von Papa auch für etwas läpsch und flapsig halten (man könnte ihn alternativ als pragmatisch-optimistisch bezeichnen), kann der Sohn trotzdem gerade das als richtig empfinden. Man(n) weiß es natürlich nicht, solange man(n) es nicht ausprobiert hat.

JUNGS SCHLÜPFEN DURCHS SPINNENNETZ

Im letzten Urlaub haben wir einen tollen Seilgarten besucht. Von der schwarzen Route für echte Cracks bis zum einfachen Kids-Parcours war für jeden was dabei – vor allem für unseren Jüngsten, dem das Gen für jede Art von Schwindelgefühl zu fehlen scheint.
Unermüdlich balancierte er über die Seile, hangelte sich von hier nach dort und wollte am liebsten nie mehr auf den festen Boden zurückkehren. Als er es dann aber doch tat, stand sein Entschluss fest:»So was bauen wir uns zu Hause auch.«
Coole Idee, fanden alle. Fern von zu Hause fantasiert es sich leicht von ausgeklügelten Parcours aus Seilen, Leitern und Brücken, Netzen und Seilbahnen, die sich durch unseren Garten und weit über die angrenzende Brachfläche, ach am liebsten quer durch den ganzen Wald ziehen. Im Urlaub darf man ja ruhig mal träumen; und bis wir wieder daheim sind, hat Bob die Schnapsidee eh längst wieder vergessen.
Dachte ich.

Karabinerhaken-Liebe

»Papa, wann bauen wir denn jetzt den Kletterpark?«, fragt er eines schönen Spätsommernachmittags nach dem Kindergarten.
Mit dem Warten auf meine Antwort hält er sich nicht lange auf, sondern wühlt in der Outdoor-Krempelkiste nach Seilen. Immerhin zwei von je zwei Metern Länge fördert er zutage. Etwas dürftig, aber ein guter Anfang. Wir spannen die beiden Seile zwischen zwei Bäumen aus – eines für die Füße und eines zum Festhalten. Leider besitzen wir keine Klettergurte. Aber da Bob darauf besteht, knote ich ihm seinen Bademantelgürtel unter die Arme und befestige einen Karabinerhaken daran, sodass er sich am oberen Seil einklinken kann. Nicht, dass Bob

besonders auf Sicherheit bedacht wäre, ganz im Gegenteil! Aber er liebt nun einmal Karabinerhaken. (Lieben wir nicht alle Karabinerhaken?) Also läuft er auf dem Seil ein paar Mal hin und her, klinkt sich ein und wieder aus und wieder ein und wieder aus und wieder ein und meint: »Laaangweilig.«

Tja, so ist das halt, aber mehr Seile haben wir nicht. Genug Seilgarten für heute. Doch so schnell gibt ein Vierjähriger nicht auf. Aus der großen Bastelkiste holt er eine dicke Rolle Kordel hervor.

»Damit geht es leider nicht«, sage ich – wobei ... irgendwie habe ich ein seltsames Déjà-vu, während ich auf die Kordel blicke und auf die beiden Bäume, zwischen denen wir unsere Seile gespannt haben. Eine uralte, längst vergessene Erinnerung wird in mir wach.

Wo ist denn jetzt die Spinne?

Und da fällt es mir ein. Als Student habe ich mich einst zwecks Finanzierung von WG, Auto und Kaltgetränken mit Seminaren für Schulklassen verdingt. Während ich selber mich eher behäbig im Stuhlkreis wohlfühlte, zog es meine in Erlebnispädagogik geschulten Kolleginnen meistens nach draußen. Eine ihrer Lieblingsübungen war das Spinnennetz, das mit Schnüren zwischen Bäume gespannt wird. Die ganze Klasse muss dann durch das Netz schlüpfen, wobei jede Öffnung nur einmal passiert werden darf. Je höher und enger die Öffnungen sind, desto mehr gegenseitige Hilfestellung braucht es natürlich.

Wir entrollen die Kordel und knüpfen zwischen die Bäume und die beiden Seile ein kunstvolles Netz. Doch als wir probeweise hindurchklettern wollen, meint Bob: »Wo ist denn jetzt die Spinne?«

»Es gibt doch in echt keine Spinne. Es ist ja nur im Spiel, es geht doch ums Klettern.«

»Aber ohne Spinne macht es keinen Spaß. Kannst du nicht die Spinne sein, Papa?«

»Na gut, bin ich halt die Spinne.«

»Dann fang mich«, kreischt er und rennt los.

Moment … Das Netz, was ist jetzt mit dem Netz?

Na, vielleicht finden die großen Brüder daran Gefallen. Bob will jetzt lieber herumrennen und gefangen werden. Das tu ich dann auch, betäube ihn mit Spinnensekret und wickle ihn mit meinen Fäden ein, um ihn später in Ruhe zu fressen.

Jetzt lege ich erst mal die Beine hoch und genieße die Ruhe.

Ist ja nur im Spiel.

Spaß und Spiel

IMMER UND ÜBERALL KLETTERN

»Das selbstbestimmte Aufsuchen von Wagnissituationen fördert die Risikokompetenz von Kindern«, lese ich eher zufällig in einer Broschüre der Landesunfallkasse NRW zum Thema Prävention. Da ist sicher was Wahres dran, denn Bob ist von meinen Söhnen zweifellos der waghalsigste – und zugleich derjenige, der sich am seltensten verletzt. Klettern schult Motorik und Koordination, macht Mut, bringt Selbstvertrauen und fördert, wenn man es gemeinsam tut, auch die Teamfähigkeit. Bitte verstehen Sie mich nicht so, dass ich Vierjährige schon für spätere Assessment-Center fit machen will. Mut und Selbstvertrauen und Teamfähigkeit sind ja nicht bloß Worthülsen aus Jobprofilen, sondern (und vor allem) Kennzeichen einer schöner Kindheit, finde ich. Deshalb mein Tipp: Lassen Sie Ihre Jungs wann, wie und wo immer möglich klettern. Auch wenn das heißt, dass Sie notfalls die ganze Zeit danebenstehen müssen, weil hier gerade kein Karabiner passt.

JUNGS WOLLEN DIE
SCHROTTPRESSE SEHEN

Interessiert verfolgt Bob, wie ich einen riesigen Karton voller Schrott zur Haustür wuchte.

»Was ist das, Papa?«

»So Zeug, das wir nicht mehr brauchen. Ich bringe es nachher zum Recyclingcenter.«

»Was ist das für ein Zentner?«

»Ja, Zentner trifft es gut. Im Recyclingcenter gibt es eine riesengroße Schrottpresse, da schmeiß' ich das Zeug rein.«

»Oh, das will ich sehen. Kann ich mitkommen?«

»Klar.«

»Und das schmeißen wir alles weg?«

»Jep.«

Er begutachtet den Inhalt des Kartons: darunter ein alter Lampenschirm, eine eiernde Kinderfahrradfelge, verbogene Schranktürscharniere, VHS-Videokassetten und ein winziger alter Röhrenfernseher aus der frühen Bronzezeit. Lauter Krempel

»Der Fernseher kommt nicht in die Presse, den geben wir gesondert ab«, sage ich noch.

»Aber … aber, das kannst du nicht alles wegwerfen«, protestiert er, »das kann ich doch noch verbasteln.«

Ja, ich verstehe schon. Seit sie im Kindergarten dieses Upcycling-Kunstprojekt gemacht haben, kann man alles verbasteln.

»Bitte, bitte, lass uns was basteln.«

Warum nicht. Ich schleppe die Kiste raus auf den Hof, wir kippen sie aus und beginnen. Akribisch führt Bob die alten Videobänder zwischen den Speichen der Fahrradfelge hindurch, die wir anschließend wie einen Plattenteller auf den Lampenschirm montieren. Mit Bindfäden lassen wir die Scharniere, gesprungene CD-Rohlinge, ein rostiges

Spaß und Spiel

SEIEN SIE (K)LEBENSKÜNSTLER!

Wenn Sie so wie ich eher nicht der passionierte Hand- und Heimwerker sind, haben Sie bestimmt eine Heißklebepistole zu Hause, weil sich damit komplizierte feinmotorische Operationen an Haus, Hof und Inventar ganz easy überspringen lassen. Von diesem Teil abgesehen, brauchen Sie eigentlich nur noch ein wenig Fantasie, um Ihr Upcycling-Kunst-Event zu starten. Zum Recyclingcenter können Sie dann ja immer noch fahren.

Tee-Ei, eine abgebrochene Schere und zig weitere Teile, durch die man einen Faden ziehen kann, von der Felge herabbaumeln. Nur für den Mini-TV finden wir keine Verwendung und das ist gut so, schließlich wollten wir ja die Schrottpresse anschauen. Wir betrachten noch eine Weile andächtig unser Werk, dann werfe ich den Fernseher ins Auto und wir fahren los.

Vor dem Tor des Recyclinghofes empfängt uns ein eifriger Resteverwerter, der uns, während wir Schlange stehend auf Einlass warten, aus dem Auto heraus den Minifernseher abschwatzt.

Als wir dann endlich an der Reihe sind, um auf den Wertstoffhof gelassen zu werden, muss ich dem verdutzten Mitarbeiter leider sagen, dass wir, ehrlich, wirklich gar nichts haben, was wir wegwerfen wollen, sondern nur die Schrottpresse sehen möchten, bitte. Da wir nun aber eh nicht wenden könnten, ohne ein Verkehrschaos anzurichten, winkt er uns kopfschüttelnd durch und wir besichtigen die Schrottpresse. Toll. Könnte man(n) Stunden lang zuschauen, wie sie hin und her walzt. Das kommt unbedingt auf meine persönliche Liste interessanter Ausflugsziele mit Kindern.

JUNGS NUTZEN DIE MACHT DES SALZTEIGS

Wie Sie bereits meiner schonungslosen Theaterkritik in Geschichte Nummer 4 (siehe Seite 24) haben entnehmen können, braucht es manchmal ein leibhaftiges Krokodil, um dem bösen »Das Wäida« Paroli zu bieten. Ist gerade keines zur Hand, bleibt oft nur die Flucht. Und zwar am besten im Millewomfelken.

Der Millewomfelken ist ein corellianischer Frachter mit Hyperraumantrieb und Deflektorschilden. Möglicherweise kennen Sie ihn eher unter dem Namen »Millennium Falcon«. Diese alte Schrottmühle, die einst von Lando Calrissian bedient wurde und erst kürzlich aus den Händen Han Solos in die der jungen Rey überging, scheint in ihrer markanten Form eine derart ikonografische Wirkung zu haben, wie es unter Jungs sonst nur bei Pistolen der Fall ist (insofern nämlich jede Form von Stock, Stange, Stab etc. mit einem kurzen, abgewinkelten Ende an einer Seite sofort als Schusswaffe gilt: »Ey, 'ne Pistole, guck mal, pengpengpeng!«).

Stellen Sie sich der dunklen Seite des Knetens

Anders als auf das unvermittelte Auftauchen von Pistolen bin ich auf das Erscheinen des Falken nicht gefasst, obwohl er sich plötzlich unter meiner eigenen Hand materialisiert.

Und zwar beim Formen von hübschen Salzteigfiguren. Denn heute ist mal wieder so ein Regentag und weil inzwischen der Herbst gekommen ist, waren zehn Minuten Flusslandschaftsgärtnerei für uns heute mehr als ausreichend. Salzteigfiguren scheinen eine annehmbare Alternative zu sein. Der Teig ist ja rasch zubereitet, doch was formt man dann daraus?

Du hast den Millewomfelken gebaut!

Bob klatscht eine Reihe dicker Klumpen zusammen und sagt: »Guck mal, Papa, das ist unser Haus. Und das ist ein Schiff. Und das ist die Insel, wo unser Haus mit dem Schiff hinfährt.«

»Hm … ja, hübsch.«

Ich selber habe nur eine Kugel zuwege gebracht. Ratlos haue ich sie platt und habe jetzt eine flache Scheibe. Eher intuitiv nehme ich ein Messer und schneide aus dem Rand der Scheibe, bei etwa einem Viertel des Durchmessers, ein kleines Quadrat heraus. Der plötzliche Freudenschrei meines Sohns lässt mich hochschrecken.

»Du hast den Millewomfelken gebaut!«, jubelt er, »das will ich auch!« Gesagt, getan. Wir schneiden noch schnell ein paar spitze Keile mit fantasievollen Heckaufbauten zurecht, die als Sternenzerstörer durchgehen und die epische Raumschlacht kann beginnen.

 *Spaß und Spiel*

SCHNELL UND GUT

An dieser Stelle habe ich keinen hintergründigen, gesellschaftlich relevanten oder pädagogisch wertvollen Tipp für Sie außer diesem: Rühren Sie 2 Tassen Mehl, je 1 Tasse Wasser und Salz sowie 1 Teelöffel Öl zusammen und formen Sie daraus Tiere, Schmuckstücke, Fußabdrücke oder Raumfrachter, Sternenzerstörer und einen hübschen Todesstern. Einen Tag lang trocknen lassen, danach mehrere Stunden bei 150° in den Backofen geben, abkühlen lassen und passend anmalen. Fertig.

Kämpfen, nachden-
ken, Zähne kriegen

Jungs im Grund-
schulalter

Sie betrachten Ihren Sohn und finden: Irgendwas ist anders. Nicht nur, weil er morgens jetzt eine Schultasche auf seinen Rücken schnallt, bevor er das Haus verlässt.

Irgendwie sieht er älter aus. Reifer. Schmal ist er geworden. Obwohl Sie beim nächsten Mal denken, dass er zugenommen hat. Der Körper kommt in Bewegung, Phasen von Rundung und Streckung wechseln einander ab. Sein Gesicht wird kantiger – sein Verhalten auch.

Bis hierher war es für Ihren Sohn nur wichtig, feste Bezugspersonen zu haben, egal welchen Geschlechts. Entscheidend war die Verlässlichkeit. Ab dem Grundschulalter aber beginnen Jungs, sich gezielt an Männern zu orientieren. Viele hängen sich plötzlich an ihren Papa und versuchen, möglichst viel Zeit mit ihm zu verbringen. Sie tun alles, um das Interesse ihres Vaters zu wecken. In manchen Fällen, wenn die Väter hartnäckig abwesend oder desinteressiert bleiben, nässen sie ein, klauen oder werden aggressiv. (Klar, so etwas kann auch andere Ursachen haben, aber der Wunsch nach väterlicher Aufmerksamkeit spielt zumindest meistens eine große Rolle.)

Das alles bedeutet nicht, dass Jungs jetzt dringend in die harte, unwirtliche Welt der Männer eintreten wollen, wie man es früher vielleicht einmal gedacht hat. Sie wollen eine Männlichkeit kennenlernen, in der auch Wärme und Zärtlichkeit ihren Platz haben. Ebenso wie Freiheit und Abenteuer, Wildheit und Konkurrenz. Das richtige Maß kann man nicht theoretisch definieren, sondern nur praktisch ausprobieren. Also los, Sie sind gefragt!

JUNGS WERDEN **FUSSBALLFAN**

Peter ist sieben und strahlt mich an.

»Papa, weißt du, was ich mir wünsche?«

»Na, was wünschst du dir denn?«

»Papa, ich wünsche mir ein Trikot vom FC Bayern München.«

Unter mir tut sich der Boden auf. Panik ergreift mich, kalter Angst-schweiß bricht aus, nur mühsam kann ich meine zitternde Stimme unter Kontrolle halten, als ich frage: »Ähm … warum denn? Ausgerechnet Bayern?«

»Na, weil das die Besten sind.«

»Hm, ja. In der Tabelle meistens schon. Andererseits ist der FC Bayern das personifizierte Böse. Die dunkle Seite des Fußballs. Der Sith-Lord der Bundesliga.«

Verstörung macht sich auf Peters Gesicht breit.

»Aber Manuel Neuer …«, stottert er, »Thomas Müller … Boateng … Hummels … die fanden wir doch gut? *Du* fandest die doch auch gut?«

Tja, wie soll ich das erklären? Dass diese Leute, sofern sie ein weißes Trikot mit Adler auf der Brust tragen, durchaus okay sind, aber in diesen roten Klamotten mit diesen seltsamen weiß-blauen Rautenmustern halt eben nicht?

Richtig, das lässt sich überhaupt nicht erklären. Das lässt sich nur erleben. Ich möchte kurz klarstellen, dass für mich Selbstbestimmung zu den wichtigsten Erziehungszielen gehört. Meine Kinder sollen Autonomie lernen: sollen sich morgens selber ihr T-Shirt aussuchen dürfen und langfristig lernen, eigene politische Ansichten oder kulinarische Vorlieben zu entwickeln, Musikstile oder religiöse Überzeugungen zu wählen und bestimmte Fernsehserien doof zu finden. Es gibt jedoch eine Sache, die man(n) sich nicht aussuchen kann: Und das ist der Fußballverein. Der richtige Fußballverein ist so ziemlich das Einzige, das jeder Sohn bitte schön von seinem Vater zwingend zu übernehmen hat! Das geht natürlich nicht mit Worten. Um Ihrem Sohn die Liebe zum richtigen Verein ins Herz zu pflanzen, müssen Sie ihm Erfahrungsräume öffnen. Kurzum: Gehen Sie mit ihm ins Stadion. Das ist in meinem speziellen Fall die BayArena. Ja, ich weiß schon, Pillendreher, Plastikclub, blabla. Ich bin nun mal in Leverkusen geboren und aufgewachsen, da hilft alles nichts. Seit der zehnten Klasse habe ich dort eine Jahreskarte im Fanclub mit den alten Homies aus der Schulzeit und als einer von denen beim nächsten Match passen muss, kralle ich mir seine Karte. Und ab mit Peter ins Stadion.

Muss das so laut sein? Muss.

Wie für die Profis unten auf dem Rasen gilt auch für uns in der Kurve: Gute Vorbereitung ist wichtig. Vor allem mental. Deshalb habe ich Peter so oft die Stadionhymne vorgesungen, dass er nach dem Verkünden der Mannschaftsaufstellung sofort mit einstimmen kann. Stolz reckt er mit beiden Händen den Schal in die Luft. Bis hierhin läuft es schon mal gut. Doch dann beginnt leider das Spiel. Und sofort übernehmen die Gäste vom VfB Stuttgart die Regie.

»Papa, wie lange geht das noch? Mir ist langweilig. Ich hab Durst. Kriege ich eine Limo? Kriege ich eine Bratwurst? Wann können wir nach Hause gehen?«

Mit Limo, Wurst und gutem Zureden meinerseits retten wir immerhin das Null-zu-Null in die Halbzeit und flüchten unter die Tribüne.

»Ist jetzt endlich Schluss?«

»Nein, nur Pause. Gleich geht es weiter. Und es wird bestimmt noch ganz, ganz toll.«

»Sicher«, brummen die Kumpels um mich herum.

Aber okay, mir zuliebe kommt Peter noch mal mit nach oben. Kaum sind wir wieder in unserem Block, liegt unsere Werkself auch schon zwei zu null zurück. Na, toll. Im Geiste sehe ich schon, wie ich mit einer Papiertüte über dem Kopf den nächsten Sportladen betrete und ein München-Trikot kaufe. Vielleicht sollten wir wirklich jetzt besser heimgehen. Doch da bringt Trainer Schmidt einen neuen Mann.

»Das ist Karim Bellarabi!«, jubelt der Sohn. »Den hab ich als Sticker. Jetzt können wir doch noch gewinnen.«

Ach, süßer Kinderglaube, sinniere ich. Doch in diesem Augenblick kommt Bellarabi am rechten Strafraumeck an den Ball. Ein trockener Flachschuss, Tor! Tooooooor für die Werkself! Ich drücke ein völlig verstörtes Kind an mich, das sich verzweifelt die Ohren zuhält.

»Muss das so laut sein?«

»Muss«, nicke ich.

»Na gut …«

Doch plötzlich herrscht wieder Stille im Stadion. Rupp erhöht für Stuttgart auf drei zu eins. Also Tüte übern Kopf und durch. Aber mein Sohn fiebert plötzlich mit. Kein Wort mehr vom Nachhausegehen. Er hat vom köstlichen Geschmack des Jubels gekostet. Der Same der Fanliebe hat zu keimen begonnen. Und da, Bellarabi auf Boenisch,

Vater und Sohn

SO WIRD DER STADIONBESUCH EIN ERFOLG

Stellen Sie vor dem Stadionbesuch sicher, dass Sie a) genug Geld für Snacks und den anschließenden Fanshopbesuch einstecken, b) Ihrem Sohn vorher die wichtigsten Fangesänge nahebringen und ihm unauffällig die Schlüsselspieler Ihres Teams in Form von Panini-Bildern unterjubeln sowie c) einfach das Glück haben, ein spannendes und emotionales Match zu erwischen, über das in den nächsten Tagen alle in Ihrer Stadt reden werden – vor allem auf dem Schulhof Ihres Kindes. Kein Problem, Sie kriegen das hin.

Tooooor! Während wir noch jubeln, ist plötzlich Chicharito durch, legt auf Mehmedi, Tor! Tor! Tor! Das ist der Ausgleich!

Puh, na immerhin ein Unentschieden. Vielleicht, so überlege ich, bleibt so ein dramatisches drei zu drei eher im Gedächtnis eines Kindes zurück als ein langweiliges eins-null.

»Papa, wir können noch gewinnen«, ruft mein Sohn mir zu. »Wir gewinnen, ich weiß es!«

Und ich dachte, du könntest inzwischen die Uhr lesen, murmle ich in mich hinein, denn da bleiben inzwischen nur noch zwei Minuten.

Doch da kommt plötzlich der Flügelwechsel von Calhanoglu, Mehmedi steht ganz frei und hämmert das Teil gnadenlos in die Maschen. Das Stadion hebt ab, wir mittendrin.

»Jetzt war es wirklich zu laut«, rufe ich meinem Sohn zu.

»Nein, das muss so laut sein«, ruft er strahlend zurück.

Als wir zehn Minuten nach Abpfiff in der langen Schlange am Fanshop stehen, lautet die Frage nicht mehr: Bayer oder Bayern, sondern nur noch: Bellarabi oder Chicharito? Die Papiertüte bleibt jedenfalls erst mal stecken. War aber ganz schön knapp.

JUNGS BESUCHEN DIE WINKELGASSE

Ein Zettel hängt am Kühlschrank, darauf eine ellenlange Materialliste unter der Überschrift:»Das braucht Ihr Kind im zweiten Schuljahr.« Detailliert ist dort aufgeführt, welche Hefte und Ordner in welchen Farben für welche Fächer anzuschaffen sind, welche Scheren und welche Klebstifte mit welchem Lineal in welches Mäppchen gehören. Zwar haben die Sommerferien gerade erst begonnen, aber ich möchte den Einkauf gern vor dem Urlaub erledigen.

Als mein Sohn und ich den Schreibwarenladen unseres Vertrauens betreten, weht mich plötzlich ein ehrfürchtiges Gefühl an. Fast kommt es mir vor, als zögen wir durch die Winkelgasse im London der Magier, um bei Ollivander einen Zauberstab zu kaufen oder bei *Flourish & Blotts* die Bücher fürs neue Schuljahr.

Kuchz ma rüba gen – ein Gefühl von Freiheit

Und tatsächlich geschieht etwas Magisches. Peter nimmt mir kommentarlos den Zettel mit der Einkaufsliste aus der Hand, schnappt sich die Verkäuferin und geht gemeinsam mit ihr die einzelnen Posten durch. Ob es die Sammelmappe für Din-A3-Blätter auch mit Fußballmotiv gibt? Mal sehen …

Ich werde hier anscheinend nicht gebraucht. Halte mich im Hintergrund und beobachte verwundert mein Kind, das an gleicher Stelle vor ziemlich genau einem Jahr kaum meine Hand loslassen wollte. Damals waren wir beide ein bisschen überwältigt von der Fülle all dieser Schreib-, Mal- und Zeichengeräte, mit deren Hilfe man sich ausdrücken kann. Denn darum geht es doch, wenn wir Schreiben und Lesen lernen: dass wir eine neue Art entdecken, wie wir uns zu der Welt um uns herum in Beziehung setzen. Viele Kinder im ersten Schuljahr laufen ja unaufhörlich vor sich hinbrabbelnd durch die Straßen, weil sie gar nicht aufhören können, sich selbst all die Wörter vorzulesen, die ständig um uns herum sind: auf Werbeplakaten, Hinweistafeln, Straßenschildern. All diese Wörter waren immer schon da gewesen, eine Ansammlung nichtssagender Zeichen; aber plötzlich bekommen sie eine Bedeutung. Und drei Wochen nach dem Tag der Einschulung hängt am Kühlschrank nicht mehr der Einkaufszettel für die Schule, sondern ein Fetzen Schmierpapier, darauf gekritzelt der Satz: »HALO PAPA ISCH GE KUCHZ RÜBA ZUN MAX.«

Von Mann zu Mann

ZUTRAUEN IST DER SCHLÜSSEL ZUR AUTONOMIE

Anders als im Kindergarten gestalten Schulkinder ihren Alltag mit großer Eigenverantwortung. Für ihre Arbeiten und Hausaufgaben sind sie selbst verantwortlich, bekommen Rückmeldungen und gehen damit um. Lesen, Schreiben, Rechnen und so weiter sind ein Schlüssel zur Autonomie und zur gesellschaftlichen Teilhabe. Die Kinder bewegen sich immer selbstverständlicher und unabhängiger – sie lesen Busfahrpläne oder Speisekarten und rechnen ganz alleine aus, ob das Taschengeld noch für Pokémon-Sticker reicht.

Dieses Alter ist eine große Chance für uns Väter, denn oft können wir Männer besser *loslassen*. Wenn es darum geht, die Jungs Stück für Stück behutsam in ihr eigenes Leben zu entlassen, das sich ohne unsere schützende Hand ereignet, können wir ihnen das nötige Selbstvertrauen mitgeben, indem wir ihnen etwas zutrauen. Denn Vertrauen und Zutrauen hängen eng zusammen. Dazu gehört natürlich auch, dass die Jungs Fehler machen und daraus lernen dürfen.

Viele Leute kritisieren ja die Methode der Anlauttabelle, bei der die Kinder einfach nach Gehör drauflosschreiben. Ich persönlich finde es super, weil es die Lust am Schreiben fördert.

Und wenn ich sage, dass Jungs Fehler machen dürfen müssen, dann schließt das leider auch ästhetische Geschmacksverirrungen mit ein. Es ist ja nur ein Radiergummi in Form einer Erdnuss. Na, wenn's sein muss. Bildersammelmappe mit Pferden drauf? Warum nicht die mit den Totenköpfen? Aber das ist seine Sache, denn schließlich muss er ja damit durch die Schule laufen und nicht ich.

Geduldig arbeitet die Verkäuferin mit Peter den Zettel ab, lässt ihn die Schere ausprobieren und verschiedene Stifte, mit denen er etwas auf den Zettel mit der Einkaufsliste schreibt. Schon immer liebt mein Sohn Struktur und gute Organisation. Alter Chaot, der ich bin, würde ich da bloß Durcheinander stiften, wenn ich mich einmischte. .

Zum guten Schluss ist meine Mitarbeit aber doch noch gefragt, ich darf nämlich die Zeche bezahlen. Dafür kriege ich immerhin einen schönen Beleg für die Steuererklärung.

»Leider haben wir nicht alles hier, was auf der Liste steht«, sagt die Verkäuferin und schmunzelt.

Überrascht gehe ich den Zettel durch, auf dem doch eigentlich sämtliche Punkte sauber abgehakt sind. Bis auf einen, den mein Sohn offenbar gerade erst handschriftlich ergänzt hat: »Tswei Kugel Wanille Eis mit Sane.«

»Verstehe«, murmle ich. »Da müssen wir wohl noch mal in einen anderen Laden gehen.«

Vermutlich werde ich das Eis nicht von der Steuer absetzen können.

Aber Peter hat es sich redlich verdient. Beziehungsweise, im mehrfachen Sinne des Wortes: verschrieben.

JUNGS GOLFEN KREUZ UND QUER

An einem sonnigen Sonntag im Frühjahr beschließen Peter und ich, eine Partie Minigolf zu spielen. Doch als wir die örtliche Minigolfanlage betreten, müssen wir feststellen, dass drei Viertel der Einwohner unserer Stadt haargenau dieselbe Idee hatten. Schon an der Ausgabestelle, wo wir den Ball, die Schläger und ein Klemmbrett mit dem Zettel zum Punktezählen bekommen, stehen wir ewig an. Auch an den Bahnen haben sich endlose Schlangen gebildet. Die Laune meines Sohnes ist sofort auf dem Tiefpunkt.

»Die Reihenfolge ist ja eigentlich egal«, sage ich. »Wir müssen nicht bei der Nummer eins beginnen. Komm, wir schauen, an welcher Bahn die Schlange am kürzesten ist.«

»Das finde ich bescheuert«, knurrt Peter.

Hatte ich erwähnt, dass er Struktur liebt? Das ist ja meistens ganz hilfreich, macht aber manchmal auch unflexibel.

»Na, komm«, sage ich. »Da hinten bei der Sieben sieht es doch ganz entspannt aus.«

»Von mir aus«, brummt er und trottet hinter mir her.

Spiel den Ball, wie er liegt!

Generell ist es bei jedweden Herausforderungen eine gute Sache, zu Beginn ein Erfolgserlebnis zu haben. Darum ist ja die erste Bahn auch ganz leicht. Die siebte hingegen die totale Schikane. Der Architekt muss ein Sadist gewesen sein, der sich an der Vorstellung labte, wie die Spieler hier den Verstand verlieren.

Nach fünf Schlägen hat mein armes Kind noch immer nicht das erste Hindernis dieser Bahn überwunden, muss zum sechsten Mal den Ball wieder auf dem Ausgangspunkt platzieren und ist drauf und dran, seinen ganzen Frust in den nächsten Schlag zu legen.

»Vorsicht«, warne ich, »du hast nur sechs Schläge. Das hier ist dein letzter, also konzentriere dich lieber.«

Wow, ich bin ja so sensibel und einfühlsam. Mit dieser Ansage habe ich der Frusttoleranz meines Sohnes den Rest gegeben. Mit Schwung holt er aus und trifft entgegen aller Wahrscheinlichkeit den Ball, als hätte er längst schon Platzreife. Die kleine weiße Kugel zischt im hohen Bogen über die Bahn und über etliche andere Bahnen hinweg und landet in der Kirschlorbeerhecke.

Drei Sachen gehen mir durch den Kopf: 1.) Du hättest jemanden treffen und verletzen können! 2.) Für den Ball haben wir einen Euro Pfand bezahlt! 3.) Du musst den Ball dort weiterspielen, wo er liegt.

Aus irgendeinem Grund entscheidet mein Bauch für mein Gehirn, nur den letzten dieser drei Sätze auszusprechen.

Peter schaut mich an, als wolle er wissen, ob ich noch ganz zurechnungsfähig bin. »Tja«, mache ich bloß und werfe ihm einen herausfordernden Blick zu.

Young, urban, trendy: Cross-Golf

Er zögert, ringt mit sich und seiner Struktur, dann nickt er entschlossen und nimmt die Challenge an. Natürlich ist es nicht so leicht, den Ball zwischen den Wurzeln des Kirschlorbeers zu erreichen, aber Peter fummelt geschickt darin herum, bis der Ball auf den Gehweg kullert. Und zwar auf den Gehweg jenseits der Minigolfanlage.

»Jetzt bist du dran«, verkündet er. »Immer von da, wo der Ball liegt.«

Vor uns breitet sich ein großer Park aus und an dessen anderem Ende wartet ein verheißungsvolles Café.

»Das ist unser Ziel«, sage ich und schlage den kleinen weißen Ball ein paar Meter weiter.

Immer abwechselnd bewegen wir uns allmählich quer durch den Park. Natürlich nicht, ohne uns vorher eine neue Regel gesetzt zu haben:

Werte und Gefühle

AUCH MAL GEGEN DIE REGELN

Kinder brauchen Regeln, denn Regeln geben ihnen Struktur und Orientierung. Sinnvolle Regeln aufzustellen und Kindern klare Grenzen zu setzen, wenn es drauf ankommt, ist deshalb total wichtig. Aber das wussten Sie ja längst. Manchmal jedoch kann eine Abweichung von den Regeln ganz erfrischend sein. Regeln sind ja nicht um ihrer selbst willen da, sondern weil sie nutzen. Wenn sie nichts nutzen, sondern zum Beispiel dazu führen, einen ganzen Sonntag lang bloß irgendwo in der Schlange zu stehen, kippe ich sie lieber.

Der Ball darf nicht den Boden verlassen. Dadurch wollen wir verhindern, dass am Ende doch noch jemand den Ball an den Kopf kriegt. Einmal kullert er auf die Picknickdecke eines jungen Pärchens, aber die beiden haben Humor. Oder einfach Sinn für Cross-Golf, weil es young, urban und trendy ist.

Bis zu unserem Ziel, dem Café am Ende des Parks, schaffen wir es leider trotzdem nicht. Über den kleinen Bach kommen wir noch drüber (ja, ich weiß, die Regel »darf nicht den Boden verlassen« mussten wir kurz aussetzen), aber bei dem Tümpel ist dann Schluss. Mit einem dumpfen Platsch versinkt unser Ball im grünen Brackwasser. Gehen wir halt direkt ins Café und gönnen uns eine Limo.

Der eine Euro Pfand ist natürlich jetzt dahin. Das war es uns aber wert. Ob wir jedoch, wie Peter vorschlägt, beim nächsten Mal in der Fußgängerzone golfen, muss ich mir noch überlegen.

JUNGS KRIEGEN EIN SCHLECHTES GEWISSEN

Ich bin echt kein Freund dieser Indoor-Spielplätze mit Kletterlabyrinthen, Hüpfburgen und angeschlossener Kantine, die die ganze Halle mit dem Geruch von altem Frittenfett schwängert. Zwar habe ich nichts gegen Labyrinthe, Hüpfen oder fettige Fritten (im Gegenteil, hm … lecker!) – aber der infernalische Lärm der siebenunddreißig parallel statthabenden Kindergeburtstagspartys knüppelt einem ganz schön das Hirn aus den Ohren.

Gott sei Dank ist Peter nicht das Geburtstagskind, sondern nur der Gast. Ich muss also nicht länger in der Halle bleiben, als es dauert, mit den Kindseltern zu plauschen und Peters Treter aus einem riesigen Haufen von Kinderschuhen herauszusuchen, die irgendwie alle gleich aussehen.

Himmlische Ruhe umfängt uns, als wir endlich im schützenden Auto sitzen. Himmlisch und mächtig verdächtig, denke ich plötzlich. Warum so schweigsam, mein Sohn?

»Hey, wie war es denn? Hat es Spaß gemacht?«

»Ja. War gut. Mehr will ich nicht sagen.«

Und außerdem kommen wir alle aus Afrika

Der Angeklagte hat das Recht zu schweigen, denke ich. Trotzdem muss ich mich sehr beherrschen, ihn nicht auszufragen. Er ist ja (noch) in einem Alter, wo er irgendwann selber damit rausrückt, was ihn bedrückt.

Tatsächlich sagt er nach einer Weile: »Ähm … Papa? Also … wenn man zu einem anderen Kind gemein ist, das ist doch schlimm, oder?«

»Na ja, kommt drauf an.«

»Und kommt es auch drauf an, ob das Kind eine schwarze Haut hat?«

»Hm«, mache ich, »fang doch am besten lieber von vorne an.«

»Okay.« Er räuspert sich. »Wir sind also herumgerannt, ganz wild. Und da hab ich einen Jungen weggerempelt, weil er mir im Weg war.«

»Aus Versehen?«

»Ja ... nein ... eigentlich ... Also es war mit Absicht, weil, der war ja im Weg, aber eigentlich wollte ich das gar nicht. Ich weiß ja, dass es gemein ist, wenn man einen wegrempelt. Ich hab's aber trotzdem gemacht, ich weiß selber nicht, warum. Ich hab's aus Versehen mit Absicht gemacht, verstehst du?«

Ich nicke wissend.

»Und dann ist er hingefallen und hat geweint ...« Jetzt läuft meinem Sohn eine Träne an der Wange herunter. »Und er war viel jünger als ich und ... ganz, ganz schwarz.«

Für einen Augenblick bin ich bestürzt und etwas sprachlos. Wo beginnt eigentlich Rassismus?

»Hast du dich bei ihm entschuldigt?«, frage ich.

»Nein.« Plötzlich schnieft er. »Ich hab mich geschämt und bin ganz schnell weitergerannt.«

»Verstehe ... Aber was hat das mit der Hautfarbe von dem Jungen zu tun? Das begreife ich nicht.«

»Ja weil ... Den schwarzen Kindern geht es doch sowieso schon schlecht. Bei denen zu Hause ist immer Krieg! Und sie sind Flüchtlinge! Und in Amerika werden sie alle von der Polizei erschossen!« Erschütterndes Schluchzen. »Und ich hab ihn weggerempelt.«

Auweia, wo fange ich denn am besten an?

»Ich höre, dass es dir leidtut«, sage ich schließlich, »das ist doch gut. Welche Farbe die Haut des Jungen hat, spielt überhaupt keine Rolle. Vielleicht kommt er aus einem anderen Land, vielleicht aber auch nicht, darüber sagt ja die Farbe nichts aus.«

»Ich dachte, wenn einer schwarz ist, kommt er aus Afrika.«

»Oder aus Berlin«, sage ich, »wie Jérôme Boateng. Oder aus Ostwestfalen wie unsere Freundin Nadine.«

Und außerdem kommen wir doch alle aus Afrika, denke ich noch, jetzt mal rein von der menschlichen Evolution her. Aber das lasse ich doch lieber weg. Zu viele Informationen sind nicht gut.

»Und ich habe mich nicht entschuldigt«, weint Peter, »und das kann ich nie, nie nachholen.«

Werte und Gefühle

FÜR IHRE SÖHNE SIND VÄTER WICHTIGE SPARRINGSPARTNER

In der Geschichte von Bob und den Ameisen (siehe Seite 31) haben wir gesehen, wie bei kleinen Kindern ganz allmählich Empathiefähigkeit entsteht. Im Grundschulalter beginnt sich das moralische Gewissen zu bilden. Zum Wesen des Gewissens gehört, dass es frei ist. Unsere Kinder müssen sich mithilfe ihrer eigenen Vernunft erarbeiten, was sie für gut und richtig halten. Zugleich aber orientieren sie sich natürlich an Vorbildern. Dabei geht es nicht nur um Alltäglich-Zwischenmenschliches. Die großen Konflikte und Katastrophen unserer Zeit erreichen via Medien ebenfalls die Köpfe und Herzen unserer Kinder (wenn auch meist ausschnittsweise und verzerrt.) Für ethisch-moralische Diskussionen mit unseren Kindern geben wir Väter gute Sparringspartner ab. Dabei geht es nicht darum, möglichst hohe Werte zu vertreten, die wir im Zweifel vielleicht selbst nicht einhalten würden. Sondern darum – ja, es ist eine Phrase, aber hier gehört sie so was von hin: authentisch zu sein. Indem wir glaubwürdig über das sprechen, was uns persönlich selber wichtig ist. Und im Zweifel auch danach handeln.

Papa, du spinnst!

»Sollen wir umdrehen«, schlage ich vor, »und schauen, ob der Junge noch da ist?«

»Nein, auf keinen Fall.« Er schluckt und beruhigt sich langsam.

Ich fahre weiter. Und bin ein wenig erleichtert, denn auf Umdrehen hätte ich jetzt echt keinen Bock gehabt.

Zu Hause kommt mir eine Idee.

»Schreib dem Jungen einen Brief«, schlage ich vor. »Darin kannst du dich entschuldigen.«

»Ja, aber ich weiß doch gar nicht, wie der heißt«, entgegnet Peter. »Und seine Adresse weiß ich erst recht nicht.«

»Das ist nicht wichtig«, sage ich salbungsvoll. »Du machst es einfach nur für dich, verstehst du? Du schreibst es dir von der Seele und dann geht es dir besser.«

»Papa, weißt du eigentlich, dass du manchmal spinnst?«

»Ähm … ja, danke, das weiß ich. Deine Mutter macht mich freundlicherweise manchmal darauf aufmerksam. Aber nett, dass du es mir auch noch mal sagst.«

»Gern geschehen. Kann ich jetzt fernsehen?«

Von mir aus. Mein Glaube an die heilsame Wirkung des geschriebenen Wortes bekommt zwar einen leisen Riss, aber was soll's. Der unbekannte Junge wird drüber hinwegkommen. Und Peter auch. Und beim nächsten Mal nicht mehr rempeln.

Oder sich entschuldigen.

Egal, in welcher Farbe.

JUNGS SCHIESSEN DEN VOGEL AB

Kennt hier noch jemand die legendäre Robin-Hood-Serie aus den Achtzigern? Oder *Robin Hood: Prince of Thieves* von 1991? Noch heute denke ich jedes Mal, wenn ich einen starken geraden Haselnusszweig sehe, dass man daraus einen schönen Bogen bauen könnte …
Nicht so mein mittlerer Sohn. Er findet Pfeil und Bogen schon auch gut, keine Frage, aber er ist leider ein großer Perfektionist. Einen Ast abzuschneiden, ihn ein wenig durchzubiegen und daran eine Schnur als Bogensehne zu befestigen, reicht bei ihm auf keinen Fall.
An einem freien Nachmittag suchen wir also zunächst im Internet nach professionellen Anleitungen zum Bogenbau. Dabei lerne ich erstens, dass anscheinend niemand mit Haselnusszweigen arbeitet. Eibe und Osage (wotzefackju?) sind die Hölzer der Wahl. Egal, erst mal weiterlesen. Hm … Man bindet das Holz auf ein Brett mit Kanten, damit es die Form des Bogenbauchs annehmen kann. So lässt man es drei Tage an der Luft liegen. Nee. Wir wollen doch gleich schießen.
Da wird auch Peter etwas kompromissbereiter. Wir überspringen also das mit dem Binden und Lagern (und später auch das »Tillern«, das ich gar nicht erst richtig kapiere), aber immerhin folgen wir dem Rat, den Bogen abzuflachen und »auf eine Dicke von zwei Zentimetern herunterzuarbeiten«. Das Wichtigste ist, dass die Wurfarme beide gleich sind. Irgendwie logisch. Da wir uns nun aber doch einfach einen Ast aus dem schönen Haselstrauch schneiden (Eibe & Co. gibt unser Garten nicht her), haben wir natürlich ein dickes und ein dünnes Ende.

Nicht zielen, dann triffst du

Nach einer Stunde Schnitzerei mit dem Taschenmesser sehen die beiden Teile aber tatsächlich gleich aus. Den Griff umwickeln wir gemäß Anleitung mit etwas Leder, verzichten aber auf Festnähen zugunsten

der Heißklebepistole. Dann bringen wir oben und unten Nocken an,
um die Bogensehne einzuspannen. Mangels Alternative nehmen wir
dafür eine Kordel. Peter legt den Bogen auf den Boden, stellt einen
Fuß auf den Griff und wir biegen die Wurfarme so weit nach oben, wie
es uns irgendwie sinnvoll erscheint. Laut Anleitung sollen wir hierbei
Fehler in der Biegung erkennen. Die sehen wir leider tatsächlich. Also
Sehne noch mal locker lassen, mit dem Taschenmesser nachhelfen, bis
wirklich beide Wurfarme möglichst gleich sind und die Biegung (halbwegs) symmetrisch aussieht.

Wieder spannen, Sehne festbinden, fertig. Beziehungsweise fast fertig,
denn wir brauchen noch Pfeile. Einer soll uns für den Anfang reichen.
Aha, denke ich, als ich die Anleitung sehe, hier sind jetzt also Hasel-
zweige gefragt. Abschneiden und drei Monate trocknen lassen – bitte?
Nicht mit uns. Wir ziehen dem Zweig die Rinde ab. Derweil hat Peter
eine Vogelfeder gefunden, die wir am Kiel spalten, um beide Hälften

mit Bindfaden und Kleber am Pfeilende zu befestigen. Vorne spitzen wir den Schaft an und stecken einen Korken drauf. Sicher ist sicher. Dann stellen wir auf dem Tisch eine leere Trinkflasche auf, nehmen ein paar Meter Abstand und los geht's. Abwechselnd schießen wir auf unser Ziel und treffen kein einziges Mal. Da fällt mir ein – hatte ich nicht früher mal eine Kollegin, die sich mit *Intuitivem Bogenschießen* befasste?

Ein richtiger Sportbogen hat eine Zielvorrichtung. Unserer nicht. Tatsächlich geht es darum, so oft zu schießen, dass man nach und nach ein Gefühl dafür bekommt, wohin der Pfeil eigentlich fliegt, wenn man ihn von der Sehne lässt.

»Nicht zielen, dann triffst du!«, lautet die Losung. Und tatsächlich – je weniger verbissen wir versuchen, ins Ziel zu treffen, desto öfter ballern wir die Trinkflasche weg.

 *Spaß und Spiel*

EINE FRAGE DER INTUITION

Wenn Sie ein wenig googeln, finden Sie etliche Tutorials zum (einfachen) Bogenbauen mit Kindern. Nehmen Sie nicht dieses Anspruchsvolle, auf das wir gestoßen waren … Und dann schießen Sie los! Intuitiv. Dieses intuitive Schießen ist eine wunderschöne Form der Entspannung, fast meditativ. Probieren Sie es aus – Sie spüren die Kraft des Bogens, den Wechsel aus Ziehen und Loslassen, die Leichtigkeit des Fluges. Sie erleben ein gutes Körpergefühl und eine besondere Wahrnehmungsfähigkeit. Und ein tolles Gefühl der Gemeinsamkeit, das Sie und Ihr Kind verbindet.

JUNGS WERDEN **GALANTE GASTGEBER**

Der Advent – Zeit der Besinnung und des Innehaltens. Nee, Scherz. Es ist natürlich die Zeit der hysterischen Jagd nach Geschenken und Süßigkeiten, die Zeit der betrieblichen wie privaten Weihnachtsfeiern; die Zeit, in der Sie als mehrfacher Vater mit etwas Glück einem halben Dutzend Krippenspielen beiwohnen können. Da müsste für jeden was dabei sein. Nur nicht für meinen mittleren Sohn Peter.

»Alle machen eine Weihnachtsfeier, nur ich nicht.«

»Wieso? Was ist mit dem Adventsnachmittag in der Schule?«

»Da sind nur die aus der Schule, aber nicht meine anderen Freunde.«

»Und die Weihnachtsfeier vom Fußballverein?«

»Da sind ja meine Schulfreunde nicht dabei. Du und Mama, ihr macht ja auch eine Weihnachtsfeier mit euren Freunden.«

»Na ja, einen kleinen Adventsbrunch vielleicht, das würde ich jetzt nicht als Feier …«

»Aber ihr ladet eure Freunde ein und ich will auch meine Freunde einladen.«

Dienstag bei euch? Im Ernst jetzt?

»Das klingt für mich eher nach Kindergeburtstag«, sage ich.

»Na und? Mein Geburtstag ist erst im März. Und warum darf ich nur einmal im Jahr alle meine Freunde einladen? Aber ihr dürft das immer, wann ihr wollt?«

Falsch, mein Lieber, denke ich. Dieses »wann ihr wollt« stimmte vielleicht früher einmal. Da konnten wir spontan mitten in der Woche Party machen und am nächsten Morgen ausschlafen. Aber irgendwann war das Studium zu Ende und eines Tages hatten wir plötzlich Kinder. Doch das sage ich natürlich nicht. Sondern: »An wie viele Freunde denkst du da so?«

Er zieht nachdenklich die Stirn kraus. Dann zählt er an den Fingern ab und kommt schließlich auf sieben Leute.

»Okay. Aber unter einer Bedingung. Du hilfst mir, die Sachen einzukaufen, die wir brauchen. Und beim Vorbereiten hilfst du auch und hinterher beim Aufräumen.«

»Abgemacht.«

Sofort setzt er sich hin und bastelt liebevolle Einladungen. Zwei Tage später rufen mich überraschte Eltern an. »Nächsten Dienstag bei euch? Im Ernst jetzt? Ich konnte gar nicht glauben, dass du dir so was auch noch aufhalst.«

Konnte ich auch nicht. Aber tatsächlich macht es dann Spaß, als alle da sind, wir gemeinsam Kekse backen und Kinderpunsch trinken. Peter hat liebevoll dekoriert und ganz allein gedeckt. Ich werde gar nicht lange gebraucht, denn die Jungs kommen alleine klar.

Nur mit dem gemeinsamen Aufräumen klappt es nicht so gut. Nachdem die Gäste gegangen sind, ist unser Gastgeber dermaßen erschöpft, dass er sich erst mal an der Playstation entspannen muss. Bleibt die Deko halt bis Weihnachten liegen. Auch okay.

 *Alltag und Familienleben*

PARTYLÖWEN STROTZEN VOR SELBSTBEWUSSTSEIN

Kinder bewirten gern. Gastgeber zu sein, birgt ja auch viel Selbstwirksamkeit – andere einzuladen, zu dekorieren, Speisen und Getränke anzubieten, das finden sie toll. Nicht nur Mädchen versammeln gern ihre Puppen um eine fiktive Kaffeetafel, auch Jungs macht es Spaß, für ihre Stofftiere eine Party zu geben. *In echt* ist es natürlich noch viel schöner – nicht nur am Geburtstag.

JUNGS VERLIEREN ZÄHNE UND KINDLICHKEIT

»Guck mal, Papa, guck mal! Ich hab einen Wackelzahn.« In Peters Stimme schwingen gleichermaßen Stolz und Unsicherheit mit.
»Lass mal sehen«, sage ich. Der linke Schneidezahn oben bewegt sich, als Peter mit der Zunge dagegenstupst. »Wow, toll, herzlichen Glückwunsch! Dein erster Wackelzahn.«
Er strahlt erst vor Freude, doch dann wird seine Mimik plötzlich ernst. Immer wieder fährt er mit der Zunge hin und her, als sei ihm dieser Zustand unheimlich.
»Fühlt sich ganz schön komisch an«, murmelt er.

Der blödeste Brauch (nach Halloween)

»Wackeln die Zähne, wackelt die Seele«, lautet der Titel eines Ratgeberbuchs (siehe Tipps zum Stöbern ab Seite 186). Damit ist sehr gut auf den Punkt gebracht, dass die konkreten Veränderungen im Gebiss zwar die sichtbarsten, aber längst nicht die einzigen Veränderungen sind, die im Kind vorgehen.
Nicht nur äußerlich streckt sich das Gesicht und unsere Kinder verlieren in dieser Phase mehr und mehr das Kindliche. Auch innerlich wachsen sie – und zwar manchmal schneller, als ihnen geheuer ist. Peter unternimmt große Schritte zur Selbstständigkeit (»Ich kann allein mit dem Bus fahren! Nein, du sollst mich nicht zur Haltestelle bringen, ich kann ja wohl alleine gehen!«) und will vielleicht gerade deshalb zum Ausgleich manchmal noch ganz klein sein (»Ich hab irgendwie Angst, allein nach oben in mein Zimmer zu gehen. Kannst du mitkommen? Und ganz, ganz lange mit mir kuscheln?«). Sein Wackelzahn erfüllt ihn daher sowohl mit Stolz als auch mit Missbehagen und vor allem mit Ungeduld.

»Ich will, dass der doofe Wackelzahn jetzt endlich rausgeht!«, schimpft er am nächsten Tag.

»Darf ich mal schauen?«

Er reißt den Mund auf, wie er es beim Zahnarzt gelernt hat, und ich will hinlangen, um am Zahn zu rütteln. Rechtzeitig geht mein Vorbild-Alert an: Hände waschen, Mann! Ah so, ja.

Ich wasche mir also die Hände, das unterstreicht für uns beide noch zusätzlich den Ernst der Situation. Dann mache ich die Wackelprobe und komme zum Ergebnis: »Der fällt noch nicht raus. Gib ihm ein paar Tage.«

»Aber ich will, dass mir die Zahnfee ein Geschenk bringt.«

Zahnfee! Der (nach Halloween) meiner Meinung nach zweitblödeste Brauch, der es in jüngerer Zeit über den Atlantik zu uns geschafft hat. (Und da haben manche Leute Angst vor der Islamisierung des Abendlandes, pah. Ich jedenfalls finde Halloween, die Zahnfee und den Coca-Cola-Weihnachtsmann viel bedrohlicher für die europäische Kultur.)

»Geduld, mein Sohn«, mahne ich.

Wo ist die beknackte Nerf-Knarre?

Doch am nächsten Tag wird es noch schlimmer. Da macht nicht nur die Zahnfee Druck, sondern auch der Apfel.

»Es tut weh, es tut weh!«, ruft Peter, legt den Apfel weg und läuft zum Spiegel. »Blut, Papa, es blutet.«

Tatsächlich. Hände waschen, Mund auf, wackelt immer noch nicht mehr als gestern und vorgestern.

Doch am folgenden Tag kommt Peter völlig außer sich aus der Schule.

»Komm schnell, jetzt fällt er raus!«

Hände waschen, Mund auf: Und tatsächlich, der Zahn hängt nun ordentlich schief.

Von Mann zu Mann

JETZT IST EXTRA-ZUWENDUNG ANGESAGT

Ihre innere Zerrissenheit zwischen »Jetzt bin ich groß« und »Ich bin doch noch so klein« zeigen viele Kinder buchstäblich durch ihre Haltung. Wer einen Siebenjährigen halb auf dem Esstisch liegen oder auf dem Sofa abhängen sieht, als wäre er ein Siebzehnjähriger mitten in schwerster Pubertät, kann sich nur durch eines behelfen: Verständnis und Zuwendung, aber ohne das Kind unnötig kleinzuhalten. Kuscheln Sie mit Ihrem Sohn, wenn er kuscheln will. Und lassen Sie ihn ziehen, wenn er gehen will.

Beruhigende Nachricht: Sobald der Zahn draußen ist, hört das mit den Gefühlsschwankungen wieder auf. Bis zum nächsten Zahn. Aber Kopf hoch, es sind ja bloß zwanzig Stück.

»Soll ich mal?«

»Mmmpffgrrr-ja.«

Ich fasse den Zahn mit Daumen und Zeigefinger und zucke unter einem markerschütternden Schrei zusammen.

»Das tut weh, mach das nicht.«

Jetzt erst recht, denke ich, Augen zu und durch, Indianer kennen keinen Schmerz, blabla, diese typischen Vätersprüche eben, da muss man halt einfach mal die Zähne zusammenbeißen … nee, halt, das lieber momentan nicht.

»Nur noch ein winzig kleiner Ruck, dann ist er draußen«, beschwöre ich meinen Sohn, aber der wird seinen Mund nicht mehr aufmachen, sehe ich, jedenfalls nicht heute und nicht für mich. Nur für den Spiegel. Im Bad mustert er das Zwischenergebnis. Der Zahn baumelt herab, hängt quasi am seidenen Faden.

Ich muss an Michel aus Lönneberga denken, der mit allen möglichen Ideen versucht hat, der armen Lina einen entzündeten Zahn zu ziehen. Die Sache mit dem Bindfaden finde ich ganz gut. Und diese Methode scheint ja auch durchaus effektiv zu sein. Da habe ich mal auf Facebook ein witziges Video gesehen: Der Vater bindet das eine Ende des Fadens an den kleinen Wackelzahn, das andere Ende an irgendein Plastikgeschoss, das mit einem Spielzeuggewehr abgefeuert werden kann. Der Vater drückt dem Kind die Waffe in die Hand, Schuss und raus ist der Zahn.

Doch natürlich finden wir im Kinderzimmerchaos die beknackte Nerf-Knarre nicht. Und Peter hat sowieso genug vom Zähneziehen, er verbittet sich jeden weiteren Eingriff. Für heute müssen wir der Zahnfee also leider absagen.

Snorre kriegt Apfelmus

Mittlerweile steht der Zahn regelrecht quer und hängt ein bisschen über der Unterlippe, mein Sohn sieht jetzt aus wie Snorre von Wickys Wikingern. Zum Nachmittagssnack gibt es daher typisches Wikingeressen: Apfelmus.

Und am folgenden Tag fällt der Zahn dann doch raus. Einfach so, beim Spielen. Stolz präsentiert Peter seine Zahnlücke und schiebt den Zahn unters Kopfkissen. Für die Zahnfee.

Und natürlich, Kulturpessimismus hin oder her, liegt dort statt des Zahns am nächsten Morgen eine Legofigur.

JUNGS ZIEHEN **KAULQUAPPEN**

Irgendwie lässt uns das Thema Transformation nicht los. Denn bei
Oma und Opa findet Peter Froschlaich im Gartenteich.
»Super, den nehmen wir mit«, freue ich mich.
Als Kinder haben mein Bruder und ich oft Kaulquappen aufgezogen.
Ich fand es immer absolut faszinierend, den kleinen wuseligen Tier-
chen dabei zuzuschauen, wie ihnen nach und nach Arme und Beine
wachsen, bevor wir sie wieder an einem Weiher ausgesetzt haben. Pe-
ter ist davon natürlich begeistert.

Aquarium als Notschlafstelle obdachloser Amphibien

Ich erinnere mich allerdings, dass bei uns leider durch unsachgemäße
Haltung nicht alle Kaulquappen überlebt haben. Mal war der Standort
zu dunkel, mal war das Wasser zu warm. Deshalb will ich mich dies-
mal gründlich informieren.
Peter und ich sitzen also am Schreibtisch, neben dem Laptop steht das
Marmeladenglas mit dem Froschlaich drin, und wir googeln mal nach
guten Tipps für die Aufzucht.
Ups. Ich klicke die erstbeste Seite an und sehe mich schon mit einem
Bein im Knast stehen. Mein Sohn lugt mir über die Schulter und liest
vor: »Die Entnahme von Froschlaich und das Fangen von Kaulquappen sind gesetzlich verboten. Ähm – was meinen die damit, Papa?«
»Tja … weiß nicht, mal sehen …« Ich scrolle runter und finde die ret-
tende Stelle. Wenn zum Beispiel Kinder aus Unwissenheit den Laich
nach Hause bringen, kann man die Kaulquappen notfalls aufziehen,
falls man sie andernfalls wegwerfen würde. Denkbar ist auch, wenn
etwa Frösche in eine Wasserpfütze gelaicht haben, die Eier mitzunehmen, um sie quasi vor dem Austrocknen zu retten.

»Aber es war ja deine Idee, Papa«, sagt Peter. »Nicht meine. Und lügen darf man nicht.«

Sie erinnern sich? Das moralische Gewissen? Vorbildfunktion und Authentizität? Im Zweifel kriegt jetzt mein Schwiegervater den Schwarzen Peter.

»Vielleicht wollte der Opa ja gar keine Frösche in seinem Garten haben«, sage ich schließlich. »Dann ist es ja auch eine Art Notfall, dass wir uns jetzt darum kümmern.«

Das reicht uns erst mal als ethische Grundlage aus, um nun aus den vielen verschiedenen Tipps und Anleitungen (die es trotz geltender Rechtslage gibt) diejenigen herauszusuchen, die uns am ehesten praktikabel erscheinen.

Ist das jetzt Mace Windu?

Von den Nachbarn bekommen wir ein kleines altes Aquarium, das wir mit Wasser aus dem Hahn füllen. Etwas Kies kommt hinein und zwei dicke Steine, die etwas herausragen, damit die kleinen Amphibien später an die frische Luft klettern können.

Das Becken bekommt einen halbschattigen Platz im Garten, wo es nicht zu sonnig ist und nicht zu dunkel. Gemäß der Anleitung lassen wir das Wasser zunächst einen Tag so stehen, bevor wir unser Marmeladenglas darin entleeren.

Für die nächsten Tage führt Peters erster Weg vor und nach der Schule zum Aquarium, bis endlich seine Kaulquappen geschlüpft sind und munter durcheinanderschwimmen.

In der Zoohandlung haben wir Fischfutter gekauft, davon bröselt er nun ein wenig hinein und schaut zu, wie die kleinen Tiere danach schnappen.

»Immer nur so viel, wie die auch fressen«, mahne ich, »sonst fault das Wasser.«

Alltag und Familienleben

DER ULTIMATIVE HAUSTIERTEST

Nehmen Sie den Umwelt- und Naturschutz ernst und ziehen Sie Kaulquappen nur im Notfall bei sich zu Hause auf. Woran Sie konkret erkennen, dass es sich hierbei um einen Notfall handelt, werden Sie selbst am besten wissen. In jedem Fall ist die Aufzucht der kleinen Amphibien ein guter Test für Sie und Ihre Kinder, ob und wann es vielleicht mal Zeit für ein *richtiges* Haustier wäre.

Trotzdem haben wir nach zwei Tagen eine ziemlich trübe Brühe. Darum muss das Wasser auch regelmäßig gewechselt werden.

»Das ist natürlich deine Aufgabe«, sage ich.

»Juhu.« Am Anfang ist die Freude groß. Doch nach einer Woche vermeldet Peter: »Das ist mir echt zu anstrengend. Kannst du das nicht machen?«

Er verlegt seinen Anteil lieber darauf, den rund zwanzig Kaulquappen, die wir jetzt haben (richtig zählen können wir sie nicht, wenn sie immer durcheinanderschwimmen), allesamt Namen zu geben und mich dann abzufragen, ob ich sie behalten habe: »Ist das jetzt Mace Windu?« »Nein, das ist Draco Malfoy. Windu ist doch der dahinten.«

Aber tatsächlich beginnt irgendwann die Verwandlung. Es bilden sich stummelige Gliedmaßen, die langsam länger werden, und eines Tages klettern die ersten auf den Stein und sonnen sich. Man soll sie aussetzen, solange sie noch ihren Schwanz haben, lesen wir. Also bringen wir sie schließlich zu einem Tümpel in der Nähe und lassen sie frei. Stolz gehen wir nach Hause und geben das Aquarium den Nachbarn zurück. Stolz und auch erleichtert, dass wir nun wieder eine Aufgabe weniger in unserem Alltag haben.

JUNGS WERDEN **DEMOKRATEN**

»Papa«, ruft Peter, »wusstest du, dass Deutschland den Zweiten Weltkrieg verloren hat?«

»Ja, davon hab ich gehört.«

»Das ist ja blöd, oder? Na, wenigstens sind wir ja noch Fußballweltmeister.«

Ich setze mich zu ihm und sage: »Eigentlich bin ich sehr froh, dass Deutschland den Krieg verloren hat.«

»Aber … wieso?«

»Weil Deutschland damit angefangen hat. Die Deutschen haben alle möglichen Länder überfallen und sehr viele Menschen getötet. Die anderen haben sich gewehrt. Und nur, weil die anderen damals gewonnen haben, können wir heute frei leben.«

»Verstehe ich nicht.«

Nee, ist ja auch schwer zu erklären.

Plenarsitzung **am Abendbrottisch**

»Also«, beginne ich, »damals herrschte in Deutschland eine Gruppe von Leuten, das waren die Nazis mit ihrem Chef Adolf Hitler. Sie haben jeden Menschen gehasst, der anders war als sie. Sie wollten am liebsten die ganze Welt beherrschen und alle vernichten, die dagegen waren.«

»Das ist ganz schön gemein«, findet Peter und kommt ins Grübeln.

»Aber warum haben die das denn überhaupt gemacht? Die Deutschen, meine ich?«

»Ich würde sagen, einige von denen fanden das einfach gut. Sie fühlten sich schlecht und wollten gern besser sein als alle anderen. Und andere Deutsche fanden das nicht gut, hatten aber Angst, etwas dagegen zu tun oder zu sagen, weil sie dann sonst ins Gefängnis kamen.«

»Wieso, was wollten die denn sagen, wofür man ins Gefängnis kommt?«

»Nun, heute leben wir in einem freien Land. Wenn du zum Beispiel die Bundeskanzlerin doof findest, darfst du das sagen. Wann und wo und wem du willst. Es ist wichtig und erwünscht, dass jeder eine Meinung dazu hat, wie er die Regierung findet. Das ist Demokratie.«

»Aber bei den Nazis durfte man das nicht sagen?«

»Genau. Das war keine Demokratie, sondern eine Diktatur. Da darf man nicht sagen, was man denkt. Und man darf auch die Regierung nicht aussuchen.«

»Aber dürfen wir denn die Regierung heute aussuchen?«

Einen Moment halte ich inne. In Zeiten der Großen Koalition erscheint eine Aussage in dieser apodiktischen Form fraglich. Andererseits – haben wir das nicht so gewählt?

»Weißt du noch«, frage ich, »als wir letztes Jahr an einem Sonntag in die Schule gegangen sind? Da waren so Kabinen aufgebaut. Mama und ich sind einzeln da hineingegangen und konnten auf einem Zettel ankreuzen, wer neuer Bürgermeister unserer Stadt werden soll. Dasselbe macht man alle vier Jahre auch mit dem Bundestag. Das ist so eine große Runde von Leuten – und wir können ankreuzen, welche Partei wir gut finden. Und am Ende wird geguckt, welche Partei die meisten Leute gut finden; und der Chef oder die Chefin von dieser Partei kann dann Kanzler oder Kanzlerin werden.«

»Das klingt kompliziert …«

»Ja, ist es auch. Deshalb machen das auch nur die Erwachsenen.« Unsinn, denke ich, manche Erwachsene verstehen doch noch viel weniger von Politik als viele Siebenjährige. »Andererseits … Ihr habt doch einen Klassensprecher, oder nicht?«

»Nein, wir haben zwei. Felix und Paula.«

»So. Und wie sind die Klassensprecher geworden? Hat das eure Lehrerin bestimmt, oder durftet ihr darüber abstimmen?«

»Wir durften natürlich abstimmen. Ah, ich verstehe. Das ist Demokratie? Wer die Mehrheit hat?«

»Richtig.« Zumindest vom Grundsatz her.

Zufrieden lehne ich mich zurück und gratuliere mir zu dieser Meisterleistung in politischer Bildung.

»Aber Papa«, setzt Peter noch mal an, »warum dürfen wir nicht abstimmen, bei wem wir Sport haben? Ich hätte viel lieber bei Frau Heinen Sport als bei Herrn König.«

«Tja, so weit geht die Demokratie leider noch nicht. Wichtig ist, dass wir mitentscheiden können, wie sich unsere Stadt und das ganze Land entwickeln. Indem wir Leute als Politiker wählen, die sich für Freiheit und Gerechtigkeit einsetzen.«

»Also keine Nazis«, sagt Peter. »Gibt es heute noch Nazis?«

»Leider. Ein paar gibt es schon. Deshalb ist es wichtig, dass wir immer und überall was dagegen sagen. Und natürlich bei den Wahlen aufpassen, dass sie keine Mehrheit kriegen.«

»Okay, mach ich.«

Damit ist das Thema fürs Erste durch.

In meiner Jugend war ich auch für Mitbestimmung

Doch ein paar Wochen später macht mein Sohn überraschend von seinen neu entdeckten demokratischen Rechten Gebrauch. Wir sitzen alle fünf beim Abendessen und beraten über den nächsten Urlaub. Wir Eltern wollen noch einmal nach Burgund, die Kinder nach Holland ans Meer, in das wunderschöne Haus mit den Eulen.

»Drei gegen zwei«, verkündet Peter, »die Mehrheit bestimmt.« Und, an meine Liebste gewandt: »So hat mir das der Papa erklärt.«

»Mehrheit, Mehrheit«, rufen die drei und trommeln auf den Tisch. Wird das jetzt ein Sit-in, oder was?

»Okay«, sagt meine Frau. »Wir können demokratisch abstimmen. Aber vorher braucht ihr noch eine Information: Wir können das Haus in Burgund für drei Wochen haben. Das Haus in Holland für zwei Wochen. Also, was denkt ihr?«

»Hm«, macht Peter, »da müssen wir noch mal überlegen.«

»Dann tut das«, sage ich, »und morgen stimmen wir noch mal ab. Und versprochen, die Mehrheit entscheidet.«

Puh, Mitbestimmung. Als ich noch jung war und Jugendpolitik betrieb, war ich immer voll dafür, ohne Kompromisse. Da hatte ich ja auch noch keine eigenen Kinder.

Werte und Gefühle

BESTIMMEN = VERANTWORTUNG

Demokratie ist kein theoretisches Ding, das alle vier Jahre eine Rolle spielt, sondern eine Grundhaltung für die ganze Gesellschaft, die auch in der Familie Platz haben muss. Zwei Dinge sind dafür unerlässlich: Erstens müssen alle Beteiligten über alle notwendigen Informationen für ihre Entscheidung verfügen. Zweitens müssen sich die Erwachsenen vorher (!) über den Rahmen verständigen, innerhalb dessen die Kinder selber entscheiden dürfen. Das heißt zum Beispiel, dass Sie zwei, höchstens drei klare Optionen zur Abstimmung stellen, aus denen die Kinder dann frei auswählen können. Denn alles andere führt zu Frust. Wenn diese beiden Punkte stimmen, werden die Kinder aus ihren Mitbestimmungsmöglichkeiten nicht nur Zufriedenheit und Selbstbewusstsein ziehen, sondern sich für das gemeinsam Beschlossene auch mitverantwortlich fühlen.

JUNGS ERLEGEN **DAS MAMMUT**

Peter kommt nach Hause und schmeißt den Schulranzen in die Ecke. Die Schuhe streift er ab, schießt den ersten gegen die Decke und den zweiten mit einem Seitfallzieher durch die Wohnung, von dem sich Zlatan Ibrahimovic eine Scheibe abschneiden könnte.

»Hey«, sage ich, »hallo, was ist los?«

»Nichts.«

»War irgendwas blöd in der Schule? Hast du irgend …«

»Nichts, Mann!«

»Aber warum …«

»Bist du taub? Ich hab gesagt, es ist nichts!«

Zur Bekräftigung tritt er gegen die Wand.

»Viel Lärm um nichts«, brumme ich. »Dann kannst du ja die Schultasche aufheben und die Schuhe wieder einsammeln. Und anschließend Hände waschen.«

»Auf keinen Fall. Ich geh spielen.«

Wobei »spielen« in diesem Fall die Playstation meint. Also grundsätzlich will ich gar nicht so sein – alle meine Jungs sind im Gegensatz zu mir mehr oder weniger in Vollzeit beschäftigt. Einschließlich Hausaufgaben, Spielen und AGs ist Peter jeden Tag bis drei oder vier Uhr in der Schule. Ich finde es okay, sich nach einem stressigen Tag erst einmal eine halbe Stunde an der Playstation zu entspannen, bevor man ansprechbar sein will. Aber es gibt Regeln, es gibt Grenzen. Und das hier lasse ich mir nicht bieten.

Während ich noch schön im Flur meinen Zorn aufpumpe, hat sich Peter schon aufs Sofa gefläzt und die Playstation angeworfen.

»So!« Ich baue mich vor ihm auf. »Du legst den Controller weg, du machst das Teil wieder aus und tust, was ich gesagt habe. Danach kannst du meinetwegen spielen.«

»Geh mal aus dem Bild«, knurrt er, »ich kann gar nichts sehen.«

»Sofort legst du das Ding weg!«, schreie ich. »Ich versuche hier, mit dir zu kooperieren! Ich spreche höflich mit dir und erwarte, dass du mich so respektierst wie ich dich!«

Als Antwort macht mein Sohn den Ton lauter.

Okay, du willst es auf die harte Tour.

Du! Kommst! Nicht! Vorbei!

Wenn Sie bis hierher gelesen haben, ist Ihnen sicher nicht verborgen geblieben, dass ich eher der verbale Typ bin. Worte sind mein Metier und wenn man einen Nagel in die Wand reden könnte, wäre ich bestimmt ein ganz toller Heimwerker. Manchmal aber muss selbst ich einsehen, dass Worte nicht weiterführen.

Ich schnappe nach dem Controller. Peter wirft sich geschickt zur Seite und taucht unter mir weg, doch ich bin nicht nur größer, sondern vor allem sehr viel schwerer als er. Also werfe ich mich auf ihn, packe sein Handgelenk und winde den Controller aus seinen Fingern. Was ist das für ein lang gezogener Ton? Das Wutgeheul eines hilflosen Siebenjährigen angesichts elterlicher Übermacht? Oder eine Art ausgelassenes Jauchzen?

Ich werfe den Controller hinter mich. Peter will ihn mit einem Hechtsprung wieder an sich bringen. Ich baue mich vor ihm auf.

»Du! Kommst! Nicht! Vorbei!«, drohe ich.

Er prallt an mir ab, versucht es wieder, dann springt er mir an den Hals und wir landen zusammen auf dem Teppich, ineinander verknäult zu einem epischen Kampf zwischen den Mächten der Ordnung und den Ausgeburten des Chaos. Mal sitzt er rittlings auf mir, mal schwinge ich mich hoch und drücke ihn nieder. Er tritt und kratzt und beißt. Ich bin mittlerweile vermutlich von blauen Flecken übersät. Das dürfte aber nicht halb so seltsam aussehen wie die Fratze, in die ich blicke. Als würde in Peters Innerem noch einmal derselbe Kampf stattfinden und als würden fremde Gewalten um die Kontrolle über seine Mimik ringen, wird sein Gesicht abwechselnd von blindem Zorn und mühsam unterdrücktem Lachen verzerrt.

Irgendwann gewinnt das Lachen die Oberhand. Und schließlich sinken wir beide erschöpft auf den Teppich und Peter seufzt: »Oh Mann, jetzt hab ich dringend Durst. Kriege ich eine Apfelschorle?«

»Wir machen einen Deal«, schlage ich vor. »Ich mach dir eine Schorle, du räumst dein Zeug auf und wäschst dir die Hände.«

»Okay.«

Wer hat hier die Kontrolle?

Vermutlich werde ich nie erfahren, was meinen Sohn an diesem Nachmittag in eine derart miese Laune versetzt hat. Vielleicht aber doch, denn oft rückt er mit bestimmten Geschichten erst Tage später heraus. Für den Augenblick ist das aber ganz egal. Für mich zählt, dass neben mir plötzlich ein ganz entspannter, kooperationswilliger Junge vom Boden aufsteht, seinen Schulranzen an den richtigen Ort bringt, seine Schuhe einsammelt und sogar seine Hände wäscht.

Den Streit von vorhin lasse ich lieber auf sich beruhen. Irgendein besserwisserisches »Warum nicht gleich so« würde mir gar nichts bringen, eher die Situation kaputtmachen.

Außerdem dämmert mir, dass Peter eigentlich von Anfang an gar nicht mit der Playstation spielen wollte, sondern mit mir. Manchmal entsteht Nestwärme eben aus der Reibungshitze eines handfesten Konfliktes. Gut, dass ich keinen Port habe, an dem er seinen Controller anschließen könnte. Aber wer weiß, wie die Technik sich künftig weiterentwickelt.

Vater und Sohn

RESPEKTVOLL RAUFEN

Jungs sind laut und wild. Für Jahrtausende war das so vorgesehen, schließlich sollten sie gute Jäger und Krieger werden, das Mammut erlegen. Vor einer Weile ging man daran, ihnen die Wildheit auszutreiben, damit sie friedlich und sensibel werden. Beides ist falsch. Natürlich sind Sensibilität und Friedfertigkeit wichtige Erziehungsziele, aber die erreichen Sie nicht, indem Sie Ihrem Sohn irgendetwas austreiben, was nun einmal zu ihm gehört. Ich bin unbedingt der Meinung, dass viele vermeintliche Unterschiede zwischen den Geschlechtern sozial konstruiert sind und dass wir alles tun müssen, um diese Konstrukte aufzubrechen, damit unsere Jungs ihre Persönlichkeit so frei wie möglich entfalten können.

Doch die Sozialisation ist nur eine Seite der Geschichte, die andere Seite ist ein Hormon namens Testosteron. Wir Männer haben reichlich davon und verdanken ihm viele schöne Seiten unseres Lebens, zum Beispiel jede Menge Kraft und Energie. (Aber leider auch den Haarausfall.) Bei Kleinkindern ist der Testosteronspiegel von Jungs und Mädchen beinahe gleich. Im Alter von etwa vier Jahren verdoppelt sich der Anteil bei Jungs, geht später wieder zurück, um dann bis etwa zum dreizehnten Lebensjahr achtmal so hoch zu sein wie im Kleinkindalter. Unser Job ist es, diese Energie zu respektieren und durch einen liebevollen Umgang dazu beizutragen, dass die Jungs sie auf positive Weise einsetzen. Dazu gehört, dass Jungs streiten und kämpfen und dabei gleichzeitig nach Ordnung und Regeln *fragen*. Ihrem Sohn ist es wichtig, sich mit Ihnen auch nonverbal auseinanderzusetzen und im körperbetonten Spiel seine Grenzen auszutesten. Solange Sie dabei fair und respektvoll bleiben, tun Sie Ihrem Sohn etwas Gutes, indem Sie mit ihm raufen.

JUNGS FÜHREN WAS IM SCHILDE

Apropos. Jungs kämpfen nicht nur gegen ihre Väter, sondern auch gegen ihre Brüder oder am liebsten alle gegen alle. Ich fühle mich bisweilen wie Heinrich II. von England (1133–1189), dessen Söhne Richard (Löwenherz), Gottfried und Johann (ja, genau, der böse Prinz John aus Robin Hood) permanent gegen den Vater aufbegehrten und miteinander um die Krone rangen. Weil das so schön passt, liefern wir uns natürlich standesgemäße mittelalterliche Schwertkämpfe. Wobei die Waffen etwas ungleich verteilt sind, denn als Einziger von uns verfügt der Kronprinz über einen Schild aus Holz. Wir anderen sind völlig ungeschützt. Diesen Schild hat Justus mal im Museumsshop irgendeiner Burg ergattert. Vorne prangt ein stolzer Löwe. Die vielen Kerben im Holz zeugen von legendären Schlachten.

Wer bin ich und wie zeig ich's?

Eines schönen Tages ist Peter wild entschlossen, das zu ändern. Ob wir denn bitte heute nach der Schule einen Schild kaufen gehen.

»Auf keinen Fall«, sage ich, »du bist pleite. Ich sage nur: Fußballsticker. Aber wir können einen Schild basteln.«

»Nö, das sieht dann voll bescheuert aus.«

Abwarten. Ich sagte ja schon, dass ich kein Heimwerker bin, aber in historischen Kontexten (siehe Bogenbau) erwächst mir ein seltsamer Ehrgeiz, den ich nun auf die Reste eines alten Kleiderschranks richte, den zum Sperrmüll zu geben ich zu geizig war. Die einzelnen Wände dieses ehemaligen Schranks liegen im Keller. Und so säge ich aus der dünnen Spanplatte der einstigen Rückwand einen formschönen, spitz nach unten zulaufenden Schild. Von hinten schrauben wir als Halterung einen der Türgriffe vom Schrank drauf, vorne klebe ich ein zugeschnittenes leeres Blatt Papier hin.

»Nunmehro möget Ihr, edler Herr Ritter, das Wappen entwerfen, das Ihr zu führen gedenket.«

»Hä?«

»Nix hä. Hier sind Filzstifte, du sollst dein Wappen malen.«

»Ach so. Aber hm … Was nehme ich denn da?«

»Überlege halt mal, was dir wichtig ist, was dich ausmacht«, rate ich.

»Das haben die Ritter auch so gemacht. Zum Beispiel einen Löwen, wenn sie sich ganz stark fühlten, oder eine Harfe, wenn sie gern gesungen haben.«

»Kann ich auch mehrere Sachen nehmen?«

»Na klar.«

Mit einem dicken Stift teile ich das Wappen in vier Felder auf. Und Peter versinkt in allertiefstes Nachdenken. Dann malt er los.

Ritter Peter führt fürderhin unser Haus, ein Bild seines besten Freundes, einen Fußball und eine Pizza Margherita im Wappen. Wohlan, lasset die Spiele beginnen!

 *Spaß und Spiel*

SEIEN SIE GEWAPPNET!

Sollten Sie gerade keinen ausgedienten Schrank zur Hand haben, dessen Rückwand Sie mal eben zersägen können, tut es natürlich auch ein Stück Karton oder Pappe. Besonders edel sieht es aus, wenn Sie das gute Stück anschließend laminieren (diese Geräte gibt es ja in manchen Haushalten) oder mit selbstklebender Buchfolie beschichten. Und falls Ihr Kind nicht unbedingt allein ein Wappen entwerfen will, dann machen Sie doch einfach ein Familienwappen.

JUNGS ÜBERNEHMEN VERANTWORTUNG

»Peter, mein Sohn, wir müssen reden …«

»Aber ich hab doch gar nichts gemacht!«, wehrt er sich.

»Eben drum.«

»Bitte?«

»Mama und ich haben überlegt, dass du jetzt alt genug bist, um eine feste Aufgabe im Haushalt zu übernehmen. Und ich würde gern mit dir gemeinsam überlegen, was das sein könnte.«

»Aber ich bringe doch schon nach dem Essen meinen Teller in die Küche. Jedes Mal. Also fast jedes Mal. Also ziemlich oft jedenfalls.«

»Richtig. Es ist dein Teller und du kümmerst dich darum. So wie du auch deine Unterhose und deine Strümpfe jeden Abend von selbst in den Wäschekorb legst. Also fast jeden Abend. Ziemlich oft jedenfalls. Aber nun geht es um eine Sache für die Allgemeinheit. Also eine Aufgabe, die uns alle betrifft.«

»Mal überlegen … Ich könnte doch jeden Abend für die ganze Familie was vorlesen. Wie wäre das?«

Das wäre zweifellos eine große Bereicherung fürs Familienleben. Aber noch nicht ganz das, was mir vorschwebt.

»Was kriege ich denn eigentlich dafür, wenn ich eine feste Aufgabe übernehme?«

»Wertschätzung«, sage ich trocken.

»Wie viel macht das in Euro?«, fragt er schlau. »Wie viel Euro ist einmal Wertschätzung?«

»Die ist natürlich unbezahlbar. Davon abgesehen kriegst du ja Taschengeld. Und du darfst hier wohnen, kriegst Essen und Anziehsachen und alles, was du für die Schule und für den Sport brauchst und für den Musikunterricht …«

»Musik könnten wir ja weglassen«, wirft er ein.

»… sowie eine kostenlose Premiumerziehung deines Vaters, der sich mit Söhnen auskennt.«

»Aber das steht mir ja alles zu«, behauptet er. »Wir haben nämlich in Reli eine Kinderrechte-Konfusion durchgenommen, da steht das alles drauf.«

Klar, die UN-Kinderrechtskonvention. Wenn Siebenjährige mit Völkerrecht argumentieren, wird es knifflig. Ich erwähnte ja (siehe Seite 2), dass Peters Pate Rechtsanwalt ist. Dass seine Patin in der Finanzbranche tätig ist, macht die Sache nicht einfacher. (Mehr zum Thema »Gehaltsverhandlungen mit Kindern« lesen Sie übrigens im vierten Kapitel.)

Gibt es denn nur eklige Aufgaben?

Aber gerade, als mir nichts mehr einfällt, lenkt mein Sohn ein.

»Was für Aufgaben gibt es denn überhaupt?«, fragt er.

»Eine ganze Menge. Du könntest zum Beispiel den Müll raustragen, die Kiste mit dem Altpapier in die blaue Tonne ausleeren oder das Altglas zum Container bringen. Oder … jeden Abend muss jemand nach dem Essen unter dem Tisch fegen, weil da so viele Krümel liegen, das könntest du ja machen. Oder regelmäßig das Waschbecken im Gäste-WC …«

»Papa?«

»Ja?«

Mein Sohn sieht mich leicht verzweifelt an und fragt: »Gibt es denn nur eklige Aufgaben oder auch andere?«

»So eklig finde ich das gar nicht. Mama und ich machen das ja auch alles dauernd – es muss eben gemacht werden. Aber vielleicht hast du ja noch einen anderen Vorschlag. Außer Vorlesen.«

»Ja, hab ich: Ich könnte jeden Morgen Brötchen kaufen gehen. Wie ich das manchmal samstags mache.«

»Coole Idee«, sage ich, »aber dann würden wir jeden Tag Brötchen essen und das wäre am Ende doch etwas zu ungesund.«

»Dann geht meine nächste Idee auch nicht. Jeden Tag für die ganze Familie Eis holen.«

Ich zögere und ergehe mich drei Millisekunden lang in der Vorstellung, jeden Nachmittag einen Eisbecher serviert zu bekommen, dann schüttle ich pflichtschuldig den Kopf.

»Na gut«, seufzt er, »mach ich eben das Altglas.«

Wir delegieren nicht Arbeit, sondern Verantwortung

So sei es. Wir halten also fest, dass Peter einmal pro Woche Weinflaschen, Marmeladengläser & Co. beim nahegelegenen Glascontainer entsorgt. Wir beginnen sofort mit der Einarbeitung, schnappen uns den Jutesack mit dem Altglas und ziehen los. Welche Farbe in welches Loch kommt, weiß er längst, und er ist auch groß genug, die Öffnungen zu erreichen. Doch mein dringender Rat, die Weinflaschen mit dem Hals statt mit dem Boden voran ins Loch zu schieben, kommt zu spät. Er hebt die Flasche über den Kopf und ein paar letzte Tropfen des kostbaren Pinot Noir perlen heraus, laufen über sein Handgelenk herab und verschwinden im Ärmel seines Sweatshirts.

»Iiiigitt!« Peter ist fassungslos. »Wie das stinkt! Ich muss daheim sofort duschen!«

Wir lassen das mit dem Altglas. Stattdessen einigen wir uns schlussendlich darauf, dass Peter ab sofort für die Getränke beim Abendessen zuständig ist.

Schnitt. Drei Stunden später. Wir sitzen am Tisch, es ist alles vorbereitet und gedeckt. Also fast.

»Wo ist denn heute das Sprudelwasser?«, kräht Bob, unser Jüngster, »ich hab Duuurst!«

Peter schaut mich vorwurfsvoll an und sagt: »Du hast mich gar nicht erinnert, Papa.«

»Jaha«, nicke ich oberlehrerhaft. »Wenn man eine Aufgabe übernimmt, geht es nicht nur darum, die Arbeit zu tun, sondern vor allem, selber daran zu denken.«

Ein winziger Spalt im Raum-Zeit-Kontinuum hat mich zehn Jahre zurück ins Zielgespräch mit einer meiner damaligen Mitarbeiterinnen geschleudert. »Wir delegieren nicht Arbeit, sondern Verantwortung«, doziere ich im Geiste, »du sollst mich ja entlasten, aber wenn die Verantwortung bei mir bleibt, ist es keine Entlastung.« Aber schon flutsche ich durch den Spalt zurück, sitze wieder am Abendbrottisch und sage: »Morgen erinnere ich dich. Wir üben das.«

Alltag und Familienleben

KINDER DÜRFEN RUHIG HELFEN

Ab dem Grundschulalter ist es empfohlen, dass Kinder eine kleine Aufgabe im Haushalt übernehmen. Das stärkt ihr Selbstwertgefühl und auch ihre Rolle als Mitglied im Familiensystem. Eine Entlastung für Sie bringt das (zunächst) natürlich nicht. Muss es aber auch nicht. Bedenken Sie: Wenn Sie tatsächlich *delegieren* und Ihren Jungs einen Job in Eigenverantwortung übertragen, dann sollten Sie auch zulassen, dass die Kids es auf ihre Art machen. Vermeiden Sie es, allzu sehr korrigierend einzugreifen. (Natürlich innerhalb gewisser Grenzen. Als Peter die tolle Idee hat, an Stelle der üblichen Wassergläser fünf kleine Schnapspinnchen auf den Tisch zu stellen, muss ich schließlich doch eingreifen. Als Kompromiss trinken wir heute Abend unser Mineralwasser zur Abwechslung aus Bierkrügen.)

JUNGS MACHEN SICH EIN **MIXTAPE**

Ich hole Peter mit dem Auto von der Schule ab. Er steigt ein, dreht die Musik lauter, lauscht, dann fragt er:»Boah, was ist das denn für ein alter Opa, der da singt?«

»Der alte Opa heißt Lemmy Kilmister, mein Sohn«, sage ich, um Nachsicht bemüht, und drehe wieder leiser.»Von Motörhead. Wenn man nur zehn Bands auf der Welt kennen sollte, sind Motörhead in jedem Fall mit dabei.«

»Ich kenne Die Toten Hosen und Die Ärzte«, erklärt er.

»Eine solide Grundlage«, lobe ich.

»Ist das Lied da drauf?« Er zeigt auf den USB-Stick, der aus meinem Autoradio ragt. Ich nicke.»Wann kriege ich auch mal so einen Stick?«

»Von mir aus jetzt gleich«, sage ich und wittere die Chance, erzieherisch in den Musikgeschmack meines Sohnes einzugreifen.

Play it loud!

Wenig später sitzen wir gemeinsam an meinem Laptop. Ich habe einen leeren Speicherstick eingeschoben und wir browsen durch meine Musikdateien.

»Hast du auch was von Sido?«

»Sido? Nein, Gott bewahre!«

»Wenigstens Haftbefehl?«

»Weiche, Satan! So was kommt mir unter keinen Umständen auf die Festplatte, du Azzlack.«

»Und was ist das da?« Er deutet auf eines der vielen Icons.

»Ozzy Osbourne.« Wo wir gerade von Satan sprechen. Ich klicke Dreamer an, Peter nickt zufrieden. Was soll's, denke ich und kopiere es rüber auf den Stick. Es folgen Lieder von Body Count, Manowar, Iron Maiden … Das Auge hört schließlich mit und offenbar haben es die abseitigen, bisweilen schwülstigen Cover meinem Sohn ziemlich angetan. Und natürlich Motörhead, darauf bestehe ich. Und auf Metallica, AC/DC ... Zum Ausgleich laden wir noch ein paar Titel der Kinder-Hip-Hop-Combo Deine Freunde drauf und binnen kurzer Zeit hat Peter rund achtzig Lieder auf seiner Playlist. Plus den Soundtrack von Fluch der Karibik.

»Okay, Papa, danke. Können wir jetzt fahren?«

»Fahren? Wohin?

»Egal – irgendwohin. Mit dem Auto. Damit ich meinen Stick hören kann.«

»Ähm ... nee. Pass auf, ich kann dir ja die ganzen Lieder auf den alten mp3-Player spielen.«

Wüster Protest. Jetzt habe er endlich seinen eigenen Stick, da wolle er die Musik auch laut hören und nicht mit Ohrstöpseln. Nur gut, dass er bald Geburtstag hat. Dann bekommt er einen kleinen Ghettoblaster mit USB-Port. Und bis dahin drehen wir die eine oder andere Extrarunde mit dem Auto, wenn ich ihn irgendwo hinbringe oder abhole. Sorry, liebes Klima.

Vater und Sohn

RICHTIGSTELLUNG

Zu Beginn dieses Kapitels hatte ich behauptet, der richtige Fußballverein sei die einzige Vorliebe, die ein Sohn zwingend von seinem Vater zu übernehmen hat. Hiermit erkläre ich feierlich: Dem ist nicht so. Es gibt noch etwas Zweites, nämlich den Sinn für klassische Musik. (Klassisch im Sinne von ... ach, Sie wissen, was ich meine.) Mit dem ganzen neuen Zeug kommt er irgendwann eh von alleine an.

Stylen, kicken, online sein

Jungs am Beginn der Pubertät

Wissenschaftler rätseln noch: Liegt es am zunehmenden Stress in unserer Gesellschaft, oder sind chemische Faktoren ausschlaggebend? Einig sind sie sich in der Beobachtung des Phänomens: Die Pubertät beginnt immer früher. Das Durchschnittsalter für den Eintritt der Geschlechtsreife ist in den letzten 150 Jahren kontinuierlich gesunken. Äußerliche Anzeichen sind natürlich die körperlichen Veränderungen. Wenn Sie bei Ihrem Sohn erste Pickel und zarte Achselhaare bemerken, wissen Sie, dass auch die seelischen, gefühlsmäßigen Umbrüche vor der Tür stehen. Oder auch schon mitten im Raum und Sie haben sie bisher bloß noch nicht für den Beginn der Pubertät gehalten.

Für Kinder in diesem Alter – sagen wir einfach grob: ab der fünften Klasse – werden natürlich die eigenen Freunde als Orientierungspunkte immer wichtiger, die Bedeutung der Eltern nimmt scheinbar ab. Doch gerade jetzt, wo Schamhaare sprießen, Mädchen auf seltsame Weise interessant werden und neue Freiheiten locken, brauchen Jungs eine gute Begleitung beim Entdecken der eigenen Männlichkeit.

Als Vater haben Sie nun eine schwierige Doppelrolle zu erfüllen: Sie werden zum einen zu einer Art Sparringspartner für Ihren Sohn, an dem er sich reiben und von dem er sich abgrenzen kann. Zum anderen bleiben Sie für ihn noch eine ganze Weile Vorbild und Prototyp des Mannes an und für sich.

Für Sie selbst wird es also etwas komplizierter, vielleicht aber auch spannender und interessanter, denn Sie beide werden sich immer häufiger auf Augenhöhe begegnen, gemeinsame Hobbys entdecken und (nicht nur, aber auch) richtige Männersachen zusammen machen.

JUNGS BRAUCHEN EINEN **SPIND**

Justus und ich radeln los, der aufgehenden Sonne entgegen. Nachdem die Schulferien wettermäßig eher so lala gewesen sind, startet der Spätsommer richtig durch und übergießt die frühmorgendliche Stadt mit goldenem Licht.

Vielleicht soll der kitschige Beginn dieser Geschichte darüber hinwegtäuschen, dass wir beide ziemlich aufgeregt sind. Heute ist nicht irgendein erster Schultag, sondern der erste Schultag der fünften Klasse. Der erste Tag an der neuen Schule. Und je näher wir ihr kommen, desto dichter wird der Strom aus Kindern und Jugendlichen, die denselben Weg haben wie wir. Ab morgen wird mein ältester Sohn allein fahren, aber an diesem ersten Tag will ich ihn begleiten, um die Nervosität ein wenig zu dämpfen. Vermutlich mehr meine als seine.

Justus wird die Schule jetzt gleich nicht zum ersten Mal betreten. Es gab einen Kennenlernnachmittag der neuen Fünftklässler kurz vor den Ferien und natürlich gestern Nachmittag die offizielle Begrüßungsfeier mit Schulleitung, Eltern und Torte. Aber heute Morgen wird es so richtig ernst. Und wir sehen deutlich, was es heißt, ein Fünftklässler zu sein. Denn die meisten Kids, mit denen wir inzwischen einen langen, wurmförmigen Fahrradpulk bilden, sind größer oder zumindest älter als der junge Mann auf dem Rad neben mir. Für Leute, die ein ganzes (viertes) Schuljahr lang unangefochten die Großen gewesen sind, die alten, erfahrenen Elder Statesmen oder Grandes Dames ihrer Grundschule, ist das eine ganz schöne Umstellung. Und längst nicht die einzige.

Weit, weit vor dem Kennenlernnachmittag hat es schon den Anmeldetag gegeben und vor diesem wiederum den Tag der offenen Tür, mit dem die Schule sich wie alle anderen weiterführenden Schulen der Stadt dem breiten Publikum der angehenden Grundschulabsolventen und deren Eltern präsentierte. Die zogen damals wie ein Wanderzirkus

von einer Schulvorstellung zur nächsten, wir auch. Und mit der Zeit
wurden alle immer hibbeliger. Oder darf ich sagen: panisch?

Wer einen langen Schatten hat, muss weiter springen

Wollen wir die Schule mit dem besten Ruf oder die mit dem kürzesten
Fahrweg oder die, in die alle Freunde gehen? Und welche ist überhaupt die richtige Schulform für mein Kind? Nicht wenige Eltern kral-
len sich verzweifelt an das nächstgelegene Gymnasium, als wäre das
eine Bildungsarche, in deren Bauch die Kinder sicher geborgen dem
unvermeidbaren Untergang der Mittelschicht entrinnen könnten. Das
sind die Abstiegsängste *normaler Leute*, die fürchten, zwischen einer
sich abkapselnden Upperclass und dem wachsenden Prekariat zerrie-
ben zu werden. Keine unerhebliche Sorge für ein Land, in dem wie in
kaum einer anderen Industrienation dieser Erde Bildungserfolge beziehungsweise soziale Ausgrenzung erblich bedingt sind. Sie finden,
ich übertreibe? Das hier ist noch gnädig geschrieben. Und auch nur,
weil ich an dieses Thema nicht unnötig Zeilen verschenken möchte.
Die Bildungsforschung wiederholt seit Jahren ihre gebetsmühlenartige
Forderung nach mindestens sechs Jahren gemeinsamen Lernens.
Denn eigentlich ist es ein Wahnwitz, für zehnjährige Kinder zu entscheiden, ob sie später einmal die Hochschulreife brauchen oder mit
einer berufsbezogenen Schullaufbahn besser bedient wären. So weit
die Theorie. Fakt ist aber, dass auch wir schon jetzt eine Schule für unseren Sohn finden mussten.
Und mir wurde ganz flau im Magen, als ich zu akzeptieren begann,
dass uns allen die Gesamtschule am besten gefiel. Also meinem Sohn,
meiner Liebsten und … schluck! … mir.
Mein Vater kommt aus einer Arbeiterfamilie und hat sich, wie man
das in den sechziger und siebziger Jahren tat, hochgearbeitet. Unsere

Generation ist die Erste mit Abitur und ich war der erste in meiner Familie, der einen Uniabschluss vorweisen konnte. Das prägt. Wie sehr, merke ich erst jetzt; denn es ist offenbar ein großer Teil meiner Identität, meines Selbstverständnisses – und ganz tief drinnen ertappe ich mich bei der hirnverbrannten Frage, was wohl meine Eltern dazu sagen würden, wenn mein eigener Sohn nicht aufs Gymnasium geht. Eigentlich ist die Gesamtschule perfekt. Die Mischung der Schülerschaft ist bunt, das Bildungsverständnis ganzheitlich, die Schule hat schon etliche Preise für ihre pädagogischen Innovationen gewonnen. Und es gibt Klassen mit verschiedenen Schwerpunktprofilen, darunter eine Sportklasse. Was für unseren Sohn, der Sport genauso liebt wie gutes Essen, ein ziemlich passender Ort für die nächsten sechs bis neun Jahre wäre. Bloß, ich musste halt mit einem großen Satz über meinen sehr langen eigenen Schatten springen.

Dating an der Spindtür

Inzwischen haben wir die Schule erreicht und suchen einen freien Fahrradständer. Überall wimmelt es von Menschen.

»Puh«, macht Justus und streckt den Rücken durch, nachdem er sein Fahrrad abgeschlossen hat. »Verdammt viele Leute hier. Aber weißt du, was ich cool finde?«

»Sag mir, was du cool findest.«

»Auf den Gängen haben die hier so richtige Schließfächer, weißt du? Genau wie im Fernsehen.«

Hab ich mich schon Ihnen gegenüber beklagt, wie sehr amerikanischen Serien unsere Kultur prägen? (Warum muss ich die Kids auch so viel an die Kiste lassen?) Die Spinde sind in jeder US-Teenieserie der zentrale Handlungsort, etwa so wie bei Sitcoms das Sofa. Von der Anbahnung des ersten Dates bis zur Familienplanung ereignen sich alle wichtigen Schritte genau dort.

Plötzlich ein Gefühl der Wehmut: Mein Sohn geht jetzt als Kind durch diese Türe und wird in nicht allzu ferner Zukunft als Erwachsener wieder herauskommen. Zumindest volljährig. Am liebsten würde ich ihm vor Rührung einen Kuss auf die Stirn geben. Aber ich will ihn natürlich nicht vor all seinen neuen Mitschülern blamieren. Stattdessen reckt er sich hoch und gibt mir einen Kuss auf die Wange. Dann winkt er, taucht ins Getümmel ein und verschwindet für die nächsten Jahre in diesem Gebäude.

 *Von Mann zu Mann*

AUGEN AUF UND DURCH

Lassen Sie sich von der bevorstehenden Schulwahl nicht hysterisch machen. Ich weiß, das ist leichter gesagt als getan. Je nach Bundesland (in Deutschland) gibt es ja die Empfehlungen seitens der Grundschule, die aber auch nicht immer nur hilfreich sind – zumal für Jungs, denn Studien (etwa IGLU) zufolge liegt der Anteil der Gymnasialempfehlungen für Mädchen stets 20 Prozent über denen der Jungs. Da kann ja wohl irgendwas nicht stimmen.

Für mich war besonders eine Erkenntnis wichtig: Wir müssen diejenige Schule finden, die *für unseren Sohn* die beste ist. Nicht die beste für mich und meine Vorstellungen. Schließlich geht *er* hin und nicht ich. Je besser Sie Ihren Sohn kennen, je besser Sie seine Stärken, Kompetenzen und Interessen einschätzen können, desto leichter wird es Ihnen fallen, durch diese Brille mögliche Schulen zu betrachten und die richtige zu finden.

JUNGS WIDERSTEHEN DER DUNKLEN SEITE

Als ich zum ersten Mal dem jungen Luke Skywalker begegnete, war er etwa acht Zentimeter hoch und aus Plastik. Ich selber war unwesentlich größer und ging vermutlich noch in den Kindergarten, das weiß ich nicht mehr so genau. Nur, dass wir im Sandkasten auf dem Spielplatz saßen, weiß ich noch, und dass mein Kumpel Jojo mir die kleine blonde Figur als das Beste vom Neusten anpries. Luke, der Jedi-Ritter. Und ich so: »Quatsch, das ist niemals ein Ritter, der hat ja kein Pferd. Nicht mal einen Helm.«

Ich war als Kind eher konservativ und fand: Es gibt eben Ritter, Piraten, Indianer, fertig. George Lucas' furiose Mischung aus SciFi, Western und Fantasy, aus antiken Mythen, biblischen Motiven und Anleihen beim damals herrschenden Kalten Krieg war vielleicht zu neu und zu komplex für mein kleines Kinderherz. Doch das Neue an *Star Wars* bestand nicht nur im Filmstoff und seiner (technischen) Umsetzung, sondern auch in seiner konsequenten Vermarktung.

Schon in Mel Brooks' Parodie *Space Balls* von 1987 erklärt der kurzbeinige Meister Yoghurt dem Helden: »Merchandising, Merchandising. Damit wird das große Geld beim Film gemacht.«

Dreißig Jahre später gibt es kaum ein Kinder- … ich korrigiere: Jungszimmer ohne Lichtschwerter, Lego-Jedis oder Darth-Vader-Maske (»Das Wäida«, siehe Seite 24). Größer als die Freude des Sohnes beim Auspacken eines neuen X-Wing-Fighters am Geburtstagsmorgen war vermutlich nur die Vorfreude des Vaters beim Kauf dieses Geschenkes.

»Papa, wusstest du, dass Jango Fett Mandalorianer war?«, fragt mich mein Ältester.

»Kann sein, weiß nicht, ist das wichtig?«

»Ja, ich hab überlegt – dann ist Boba Fett ja auch einer, oder?«

»Vermutlich.«

»Aber dann müsste ja die ganze Klonarmee aus lauter Mandalorianern bestehen. Richtig? Und jetzt habe ich mir überlegt – könnte dann nicht die Herzogin von Mandalore einfach die Kontrolle über die Klone übernehmen?«

»Tja, ich gebe zu, mein Sohn ... das sind so Dinge, über die ich noch nie nachgedacht habe.«

Und wen zur Hölle interessiert das?, frage ich mich. Na, meinen Sohn offenbar. Und seine Freunde. Und die Freunde seiner Freunde. Solche und ähnliche Fachfragen werden bisweilen engagierter diskutiert, als man es sich für das anstehende – sagen wir mal – Erdkundereferat wünschen würde. Das Star-Wars-Universum ist längst zu einem Referenzsystem geworden, insofern jede Alltäglichkeit irgendwie darauf bezogen werden kann: »Ach, guck mal, ist ja wie bei Anakin und Watto.« Hä?

»Erforsche deine Gefühle, Vater!«

Es gibt einen ziemlich banalen Grund dafür, warum sich Väter und ihre Söhne so für Star Wars begeistern, nämlich den: Star Wars ist eine Geschichte von Gut und Böse, die in Form von Vater-Sohn-Konflikten verhandelt wird. Beides gehört zu den ältesten Menschheitsthemen. Vielleicht haben wir deshalb alle (fast alle) so einen direkten Zugang dazu. Es ist nicht nur ein dramaturgischer Kniff in Episode V, sondern auch psychologisch interessant, dass der zentrale Darth-Vader-Satz ausgerechnet in einem Kampf auf Leben und Tod fällt: »Luke, ich bin dein Vater!«

Denn gerade im Konflikt wird unsere Vaterrolle offenbar. Dass unsere Söhne sich durchaus streitbar mit uns auseinandersetzen, ist wichtig für sie, um sich allmählich zu einer eigenständigen Persönlichkeit zu entwickeln. Sie müssen ja nicht so weit gehen wie Kylo Ren, der seinen Vater Han Solo in Episode VI tötet. Im Gegenteil sehen wir in den Episoden II und III, dass Luke Skywalker eigentlich das Ziel verfolgt, seinen Vater auf die helle Seite der Macht zurückzuholen. So wie mein Sohn Justus mir manchmal, wenn ich mich in einem Streit völlig verrannt habe, zuruft: »Erforsche, deine Gefühle Vater, du kannst das nicht tun. Ich fühle deinen Konflikt, befreie dich vom Hass.«

Nee, Quatsch. Das hat er natürlich noch nie zu mir gesagt. Jedenfalls nicht wörtlich. Aber mit anderen Worten schon.

»Ich bin nicht du«, hat er mir unlängst einfach mal an den Kopf geworfen. »Ich bin halt anders. Komm damit klar, okay?«

Nicht alle Kinder drücken so etwas in Worten aus, viele tun es eben auf andere, nonverbale Weise. Aber stets ist da bei unseren Söhnen die Sehnsucht, von ihren Vätern gesehen und anerkannt zu werden. Nicht als unser Abbild, sondern als sie selbst.

 *Vater und Sohn*

MÖGE POPCORN MIT DIR SEIN

Star Wars ist im besten Sinne ein Medium, auf Deutsch: ein Mittler. Wie es seit jeher die Aufgabe einer guten Geschichte ist, bringt es Leute in Austausch miteinander. Besonders eben Väter und Söhne. Wir können darüber diskutieren, fachsimpeln, uns die besten Stellen und Zitate wieder und wieder erzählen. Obwohl Star Wars mit seinem irrwitzigen Merchandising-Imperium jetzt schon das finanziell erfolgreichste Filmprojekt aller Zeiten ist, bleibt dieser Aspekt wohl unbezahlbar. Der Macht sei Dank. Und deshalb fiebern Justus und ich ungeduldig der nächsten Episode entgegen. Und weil es, das hatte ich zwischendurch vergessen zu erwähnen, einfach saugute Unterhaltung ist!

JUNGS NERVEN IN DER WHATSAPP-GRUPPE

»Hallo? Haaaaallo!«, tönt es zu später Stunde aus dem Zimmer meines ältesten Sohnes. »Hallo – ist denn hier niemand mehr?«

Hat Justus etwa Albträume? Halluzinationen? Ist er versehentlich in ein Paralleluniversum geschlittert, oder probiert er mit seinen elf Jahren schon erste psychedelische Drogen aus? Besorgt klopfe ich an, bekomme aber keine Reaktion.

»Hallo, warum antwortet keiner mehr?«, schallt es stattdessen von drinnen. »Wo steckt ihr denn alle?«

Ich klopfe erneut, öffne die Tür und sage streng: »Ins Bett, mein Sohn. Wir schlafen alle schon. Was zur Hölle treibst du da?«

Er sitzt auf seinem Bett und blickt mich erstaunt an, als sei ich der allerletzte Mensch, mit dem er hier gerechnet hätte. In seinen Ohren stecken kleine Kopfhörer, deren Kabel in seinem nagelneuen Smartphone endet. Er hält das Teil natürlich nicht an sein Ohr, wie es jemand täte, der einfach bloß mal telefonieren will. Nein, er hält sich das untere Ende waagerecht vor den Mund, als wolle er gleich hineinbeißen.

Mit Telefonieren hat das nichts mehr zu tun

Für unwissende Fourtysomethings wie mich hat mein Jahrgangsgenosse Sascha Lobo, der Schutzheilige der Digital Immigrants, einmal auf Spiegel Online (wo sonst?) das rätselhafte Phänomen jugendlicher Handyhaltung plausibel erklärt: Für Jugendliche sei eben der normale Ort des Smartphones die Lage in der offenen Hand vor dem Bauch des Users. Und zwar, um zu chatten, zu zocken, zu surfen, Pokémons zu fangen oder weiß der Geier was zu tun, was junge Leute heute eben so machen. Telefonieren sei dabei, so St. Lobo, für Jugendliche bloß eine

App unter vielen anderen, da werde das Gerät einfach nur ein bisschen angehoben, fertig.

Wobei das, was mein Sohn da treibt, mit Telefonieren rein gar nichts mehr zu tun hat. Außer halt, dass irgendwelche Klänge, idealerweise Wörter oder gar ganze Sätze, von hier nach irgendwo übertragen werden und vielleicht auch zurück. Seit ein paar Tagen ist Justus stolzer Besitzer eines eigenen Smartphones und wurde sofort den zirka zweihundert WhatsApp-Gruppen hinzugefügt, die sich allein aus Schülern seiner Klasse zusammensetzen und Namen tragen wie »5e«, »5e forever«, »Beste 5e der Welt«, »Super 5e« oder »Alle hassen Hakan«.

»Was geht hier ab?«, frage ich.

»Eben waren noch alle da«, sagt er. »Leon, Felix, Mehmed, Lissy, Hannah ... Wir haben halt so rumgelabert, das war voll witzig. Und jetzt schlafen alle.«

»Was du auch tun solltest«, sage ich und nehme ihm das Gerät aus der Hand. Die Stöpsel ploppen aus seinen Ohren und baumeln ratlos in der Luft. Kurz riskiere ich einen Blick auf seinen Chatverlauf und brumme: »Wenn die morgen früh aufstehen, werden sie sich schön dafür bedanken, dass du die Gruppe mit siebzig Sprachnachrichten hintereinander vollgemüllt hast.«

Sein betroffener Blick zeigt mir, dass ich wieder einmal viel zu hart zu ihm bin. Seinen kleinen Brüdern würde ich vermutlich niemals eine derart vernichtende Kritik vor den Latz knallen. Irgendwie ist da so ein Ding zwischen Vätern und ihren ältesten Söhnen, das ich nie so ganz ausgepegelt kriege. (Aber das ist ein anderes Thema und gehört vielleicht in ein anderes Buch. Oder in eine Familientherapie.)

Ich schließe die Tür und setze mich auf seine Bettkante. Mein Spruch hat ihn total verunsichert. Beziehungsweise: seine ohnehin schon große Verunsicherung noch potenziert. Denn er ist mit einer Herausforderung konfrontiert, die jedem von uns alles abverlangen würde. Er muss sich zeitgleich sowohl mit einer neuen Technik und neuen Kommunikationsformen vertraut machen als auch in der Gruppendynamik einer neuen Gemeinschaft bestehen. Denn das fünfte Schuljahr ist gerade ein paar Monate alt und die Bildung von Cliquen und Freundschaften, das Austarieren von Coolness-Faktoren und der schwunghafte Handel mit Sympathiepunkten sind in vollem Gange. Wer kein Smartphone besitzt (angeblich betrifft das tatsächlich zwei Kinder seiner Klasse), hat hier a priori mit einem heftigen Malus zu kämpfen. Alle anderen haben eben das Problem, sich hoffnungslos in einem Netz zu verstricken, das sowohl ein digitales als auch ein soziales ist.

Wir atmen Daten

Ich weiß nicht, wie es Ihnen geht: Ich selbst fühle mich durch die Unterscheidung zwischen Digital Natives und Digital Immigrants immer ein wenig missverstanden. Es stimmt schon, wir sind keine Ureinwohner des Internets, nicht die indigene Bevölkerung der digitalen Welt, aber wir haben sie doch von Beginn an begleitet, etwa nicht? Die besten Köpfe unserer Generation haben das ganze Zeug mit aufgebaut! (Warten Sie, nein, das stimmt nicht. Die besten Köpfe unserer Generation operieren gerade verwundete Kinder in Aleppo oder machen Streetwork in Berlin-Neukölln. Sagen wir halt: die *pfiffigsten* Köpfe.) Mein erster Besuch im Internet war im Herbst 1994. Da war das Netz quasi noch schwarz-weiß und die aufregendste Sache bestand darin, mit wildfremden Menschen aus anderen Erdteilen auf Englisch zu chatten. Damals ging man online, indem man unter dem infernalischen Gekreische seines Modems die Telefonleitung des Haushalts kaperte und auf Stunden hin blockierte. (Und da wir keine Handys hatten, nicht mal zum Nur-Telefonieren, waren wir einfach nicht mehr erreichbar. Hammer!) Heute *geht* niemand mehr online, schon gar nicht die jungen Leute. Heute *sind* wir immer online, wir atmen Daten und das Netz umgibt uns wie die Atmosphäre den Planeten.

Telefonie ist nur noch eine App von vielen. Auch ich selber telefoniere immer seltener. Viele Jugendliche empfinden es als aufdringlich, einfach so jemanden anzurufen. Mir geht es manchmal ähnlich. Die Zeitverzögerung beim Mailen oder WhatsAppen oder was immer es da gibt lässt mir etwas Luft, um mir in Ruhe eine Antwort zu überlegen. Ich kann gleich antworten oder in zehn Minuten oder heute Abend. Jetzt gerade schreibe ich diese Zeilen und lasse das Telefon klingeln, weil ich im Flow bin und nicht durch ein anderes Thema herausgerissen werden will. Absurd ist natürlich, dass ich trotzdem sofort jede Mail anklicke, die hereingeklingelt kommt. Und da beginnt es auch heikel zu werden: Wie schnell erwarten die anderen, dass ich antworte? Wie schnell erwarte ich das selber? Wenn ich zum Beispiel auf WhatsApp sehe, dass der oder die andere meine Nachricht schon längst gelesen hat und noch immer nicht reagiert …?

Uns Erwachsene kostet es einige Mühe, für unseren eigenen Umgang mit diesen Techniken Standards zu definieren. Gucke ich während des Essens auf mein Smartphone, oder bringe ich es bewusst außer Reichweite? Checke ich vor dem Einschlafen noch mal letzte Mails und News, oder schalte ich das Teil nach Feierabend einfach aus? Um Ihren Kindern klare Regeln zum Umgang vorzugeben, brauchen Sie erst mal selber welche. Freilich müssen das nicht dieselben Regeln sein. Jugendlichen darf man natürlich andere Beschränkungen auferlegen als sich selbst. Aber dass es überhaupt welche gibt, sollte für die ganze Familie gelten.

Wer liest denn bitte schön AGBs?

Ich merke gerade, dass ich hier ständig von *Jugendlichen* spreche, dabei ist Justus gerade mal elf geworden. Noch weit entfernt davon, überhaupt ein Teenager zu sein. Und an diesem Abend, hier auf seiner Bettkante, bin ich ziemlich ratlos.

»Ich bringe das Handy jetzt nach unten«, sage ich, »da kann es aufladen und du auch. Du schläfst jetzt erst mal und morgen reden wir in Ruhe drüber.«

Er nickt ergeben, wirkt beinahe erleichtert. Ich aber muss mir bis morgen überlegen, wie wir den Umgang mit diesem Teil regeln können. Gibt es da nicht irgendwo irgendwelche schlauen Tipps von Experten? Ich schaue mal. Natürlich mit meinem Smartphone. Als Erstes stoße ich auf den Hinweis, dass WhatsApp eh erst ab 16 Jahren erlaubt sei. Das stehe so in den AGBs. Die hab ich natürlich auch mal irgendwann als gelesen angeklickt, aber freilich ohne sie tatsächlich zu lesen. Wer hat denn bitte schön für so etwas noch Zeit? Und außerdem gibt es kein Zurück mehr. Müssen eben mein Sohn und (fast) seine ganze Schulklasse die nächsten fünf Jahre mit der Illegalität ihres Tuns leben. Richtig handfeste Tipps finde ich im Netz nur wenige. Also zumindest nur wenige, die mir unmittelbar einleuchten oder praktikabel erscheinen. Ich meine – natürlich kann ich das Thema beim nächsten Elternabend ansprechen, wie ein Blogger empfiehlt. Da könnten sich alle Eltern auf gemeinsame WhatsApp-Regeln für die Kinder verständigen … Oder ich könnte versuchen, zunächst mal mit Justus nach individuellen Lösungen zu suchen.

Also setzen wir uns am nächsten Tag zusammen und versuchen gemeinsam, eine verbindliche private *Richtlinie* aufzustellen. Dazu gehört: Ab 20 Uhr ist das Handy aus. So weit der einfachste Teil. Dann schauen wir, welche WhatsApp-Gruppen eigentlich überflüssig sind. Wir überlegen kurze Antworten auf *dringende* Nachrichten, die nicht dringend sind: »Keine Zeit, melde mich später.« Wir vereinbaren, dass man bei WhatsApp nichts schreibt, was man der anderen Person nicht auch live ins Gesicht sagen würde. Wir kommen zu dem Schluss, dass Hakan es eventuell doch nicht witzig findet, wenn eine WhatsApp-Gruppe »Alle hassen Hakan« heißt. Und wir beraten, dass man das ruhig mal schreiben kann. An Hakans Stelle. Der sich vielleicht nicht traut, selber zu schreiben, dass er es nicht witzig findet. Weil WhatsApp eben nicht nur für Quatsch und Orga-Krempel taugt, sondern auch ein Ort für Freundschaft und Solidarität ist.

Ferner halten wir fest, dass die Nutzung der Nickelodeon-App ohne Ausnahme auf das Zeitkontingent fürs Fernsehen angerechnet wird. Doch, mein Sohn, doch, oh doch, auch YouTube-Videos auf dem Handy werden hier wie Fernsehen behandelt. Nein, das ist nicht unfair, sondern höchst konsequent.

Googeln Sie mal Drittanbietersperre

Apropos YouTube – sagt Ihnen der Begriff *Let's Play* etwas? Irgendwelche Nerds spielen irgendwelche Games und kommentieren sich dabei selbst. Laaangweilig, denke ich. Ist mir mindestens so unverständlich wie vermutlich meinem eigenen Vater, wenn ich damals am C64 Sid Meier's *Pirates!* gezockt habe.

Und während ich mir gerade noch etwas darauf einbilde, dass ich immerhin weiß, was ein *Let's Play* auf YouTube ist, hätte ich meine Tagesfreizeit lieber für einen anderen, nicht minder exotischen Begriff investieren sollen: Drittanbietersperre. Erst, als unerklärliche Beträge auf der Rechnung auftauchen, schnallen wir, dass unser Sohn irgendein räudiges Spieleabo angeklickt hat. Den Namen der Firma herauszufinden und deren Anschrift, um die Kündigung auszusprechen, erfordert einen halben Arbeitstag und einen (kostenpflichtigen) Anruf bei der Verbraucherzentrale.

Das pädagogisch wertvolle Vater-Sohn-Gespräch am Abend ist darin noch nicht mitgerechnet. Erst denken, dann klicken – dieser Ratschlag klingt leicht altväterlich. Trifft gleichwohl zu.

»Jetzt machst du es aber kompliziert«, beschwert sich mein Sohn.

»Willst du es einfach?«, gebe ich zurück. »Einfach wäre es, wenn du gar kein Smartphone hättest.«

»Nee. So einfach will ich es nun auch wieder nicht.«

Ich übrigens auch nicht. Denn schließlich haben wir Eltern uns doch auch schon längst daran gewöhnt, dass wir unseren Sohn bei Bedarf erreichen können, egal, wo er gerade ist.

»Bitte denk daran, deine Jacke mitzunehmen«, schreibe ich ihm bei WhatsApp.

Und er so: »Keine Zeit, melde mich später.«

Werte und Gefühle

UFERLOS ODER ISOLIERT?

Wie heißt es so schön beim Beziehungsstatus auf Facebook? Es ist kompliziert. Regeln im Umgang mit Medien und Kommunikation auszuhandeln, bleibt einfach schrecklich mühsam. Zumindest, wenn sie glaubwürdig und praktikabel sein sollen.

Sie und Ihr Sohn betreten einen schmalen Pfad zwischen dem Absaufen im Meer der uferlosen Möglichkeiten auf der einen und sozialer Isolation auf der anderen Seite. Alles zu erlauben, ist halt genauso wenig eine Option, wie nichts zu erlauben.

Das Thema scheint Jungs auf den ersten Blick zu liegen, geht es doch um Technikkram. Auf den zweiten Blick geht es aber viel weniger um Technik als um Kommunikation, Gruppendynamiken und soziale Kompetenzen. Aber genau das macht für Sie die Herausforderung so spannend, Ihren Sohn, diesen Digital Native, beim Aufwachsen in der digitalen Welt zu begleiten. PS: Falls noch nicht geschehen, Drittanbietersperre einrichten! Sofort!

JUNGS BEGRABEN IHR HAUSTIER

Er hieß Robby und sein Leben hatte ein viel zu schnelles Ende. Es
währte einen flauschigen Frühsommer lang, jetzt ruht er in einer
Pappschachtel und diese wiederum in einem soeben ausgehobenen
Erdloch inmitten der Wildnis jener Brachfläche, die an unseren Garten grenzt. Mein ältester Sohn hat die Schachtel liebevoll bemalt und
einen letzten Gruß darauf geschrieben, bevor er sie nun feierlich ver-
schließt und beginnt, die lose Erde auf den Sarg zu schaufeln.

Das Gehege zu bauen dauerte allein zwei Wochen!

Wann sind Kinder alt genug für ein Haustier? Wenn es nach mir ginge
– nie. Beziehungsweise sollten sie unter 14 und damit noch nicht straf-
mündig sein, sofern sie illegal irgendwelchen Gewässern geschützte
Amphibien entnehmen (siehe Seite 77). Generell habe ich zwar nichts
gegen Tiere, wohl aber gegen die Annahme, drei Kinder würden nicht
schon genug Arbeit und Kümmerei bedeuten. Aber mich fragt ja kei-
ne(r). Ein Meerschweinchen sollte es sein, darin waren mein Sohn und
meine Liebste übereingekommen, denn der Aufwand für die Haltung
schien überschaubar. Da ich nun mal ein Büchermensch bin, schafften
wir aber erst mal kein Tier an, sondern Literatur. Es gibt ganz bezau-
bernde Fachbücher über Haustierhaltung, die sich direkt an Kinder
wenden, spannend und verständlich geschrieben sind und selbst Justus, der grundsätzlich nie etwas selbst liest (mehr dazu auf Seite 124),
zum Schmökern bringen konnten. Ich selber las leider nur bis zu der
Stelle, an der es hieß, dass die putzigen Nager hervorragend draußen
gehalten werden können.
Erst hinterher gingt mir allmählich auf, welch komplexe Anforderun-
gen der Bau eines Geheges im Garten mit sich bringt. Da war längst

schon entschieden, dass wir selber eines bauen, anstatt eines zu kaufen. Ist der Draht eng genug, damit kein Marder hindurchpasst? Hat der neue Bewohner genug Auslauf? Und lässt sich sein neues Zuhause problemlos von Kinderhand öffnen, um Nachschub an Wasser, Futter und Streicheleinheiten zu liefern?

Das Projekt füllte beinahe zwei Wochenenden und dann kam der große Tag. Justus und seine Mama fuhren zur Zoohandlung, erstanden nach kurzem Casting ein süßes puscheliges Etwas und setzten es daheim im Garten in seinen neuen Käfig. Robby, dessen Namensfindung hier nicht näher erläutert werden kann, weil es den Rahmen der Geschichte sprengen würde, verzog sich sofort in das kleine Holzhäuschen im hinteren Teil des weitläufigen Geheges und wurde für den Rest des Tages nicht mehr gesehen.

Doch Justus zeigte allergrößte Ausdauer und Geduld mit diesem kleinen, ihm nun auf Gedeih und Verderb anvertrauten Wesen. Er entpuppte sich als absoluter Meerschweinchen-Fachmann, wusste über Ernährung und Verhalten Bescheid, wechselte verlässlich Streu und Stroh und saß lange versonnen am Maschendraht, um seinem Tier bei dessen Sosein zuzusehen. In den folgenden Wochen wurde Robby heimisch und zutraulich. Es kam sogar die Frage auf, ob wir nicht eine Gefährtin für ihn anschaffen sollten. Selbst mir wäre er um ein Haar auch ans Herz gewachsen, wäre da nicht unser Urlaub dazwischengekommen. Mein Sohn gab seinen Robby für drei Wochen in die pflegenden Hände eines Freundes, der seinerseits das Tier gut über den vom Wetter her eher mäßigen Sommer brachte. Mäßig war der Sommer jedenfalls bis kurz vor unserer Rückkehr, als plötzlich eine erbarmungslose Hitzewelle das Land und insbesondere den armen Robby traf. Just am Tag unserer Rückreise fand dieser arme Junge das Pflegemeerschweinchen leblos im Hasenstall des elterlichen Gartens. Der Kreislauf des kleinen Körpers hatte den unvermittelten Temperaturwechsel nicht verkraftet.

Du denkst schon an ein neues?!

Natürlich fühlte sich der arme Junge entsetzlich elend, als er meinem Sohn nur noch den Leichnam seines treuen Haustiers übergeben konnte. Alles Beteuern, dass das doch jedem hätte passieren können und Robby womöglich auch in seinem eigenen Gehege gestorben wäre, nutzte nichts.

Justus hingegen nahm das traurige Ereignis mit größter Gefasstheit auf. Still grub er das Grab, gestaltete liebevoll einen Sarg und legte das kleine Tierchen hinein.

Und jetzt stehen wir gesammelt vor dem frischen kleinen Hügel, während mein Sohn das rasch gebastelte Grabkreuz in den Boden schiebt. Ich blinzle hinüber zum verwaisten Gehege und spüre einen Anflug unerwarteter Wehmut. Dann lege ich Justus väterlich den Arm auf die Schulter und sage: »Wir kaufen ein neues Meerschweinchen.«

»Bitte?«, entfährt es ihm und er sieht mich beinahe empört an. »Der arme Robby ist noch keine fünf Minuten unter der Erde und du denkst schon an ein neues Tier? Hast du denn gar kein Herz?«

»Ich … ähm … wollte bloß …«

»Nein, nein«, sagt mein Sohn, »erst muss ich in Ruhe um Robby trauern. Und außerdem«, fügt er leise murmelnd hinzu, »hat er echt ganz schön viel Arbeit gemacht. Ist nicht so schlimm, wenn ich mich mal für eine Weile nicht um ein Tier kümmern muss.«

 *Alltag und Familienleben*

VORSICHT, GEFÜHLE!

Wann also sind Kinder alt genug für ein Haustier? Vielleicht, wenn sie alt genug sind, es am Ende zu begraben. Davon abgesehen ist es natürlich das A und O, sich im Vorhinein über alle denkbaren Aufgaben und Konsequenzen der Anschaffung zu informieren. Insgesamt glaube ich, dass die Haltung und Pflege eines Haustiers Kinder wirklich persönlich bereichern, ihr Verantwortungsgefühl steigern und einfach eine tolle Erfahrung sind. Aber Vorsicht: Sollten Sie Haustieren gegenüber ähnlich skeptisch sein, wie ich es war, rechnen Sie bitte damit, dass sich Ihre Gefühle eventuell verändern. Das mag ja auch nicht jeder.

JUNGS ÜBERNEHMEN DIE KÜCHE

Zu den Vorzügen der Gesamtschule gehört der lange Unterricht an drei Wochentagen. Denn ein Freiberufler, so sehr er seine Kinder liebt, freut sich über ungestörte Zeit am Schreibtisch. Dienstags und freitags aber hat Justus *kurze* Tage und kommt schon mittags nach Hause. Das ist auch schön, denn dann koche ich was und wir haben ein bisschen Zeit für uns beide.

Zu den Vorzügen der Gesamtschule gehört außerdem der ganzheitliche Ansatz. Da wird nicht nur kognitiv gepaukt, sondern auch ganz Handfestes gelernt, etwa im Fach Arbeitslehre. Nachdem hier während des ersten Halbjahres Technik auf dem Stundenplan stand, ist im zweiten Halbjahr Hauswirtschaft dran.

»Heute haben wir gekocht«, berichtet mein ältester Sohn, »und es hat sogar geschmeckt.«

»Was gab es denn?«

»Gemüsepfanne mit Hackfleisch. Ich weiß jetzt, wie das geht, ich könnte es also auch hier zu Hause kochen. Gleich morgen, zum Beispiel, wenn du möchtest.«

»Oh, das wäre zauberhaft«, freue ich mich. »Klingt lecker und irgendwie gesund. Sag mir einfach, was du brauchst, dann besorge ich es.«

»Gegenvorschlag«, erwidert er, »gib mir einfach etwas Geld, ich kaufe nach der Schule ein und dann kommt alles frisch auf den Tisch.«

Das Rezept in winzigen Details geändert

Am nächsten Tag kommt Justus vollbepackt von der Schule nach Hause. Ganz oben aus dem prallen Jutebeutel lugt verheißungsvoll ein Bund von frischem Thymian. Jedenfalls sieht es so aus, aber als Justus sich gleich in die Küche begibt und seine Einkäufe auf der Anrichte aufzustapeln beginnt, entpuppt sich der kleine Bund als Zweiglein einer ausladenden Topfpflanze. Passt sicher gut auf die Fensterbank. Mein Sohn scheint jedenfalls keine halben Sachen zu machen, denn als Nächstes zieht er eine kinderkopfgroße Portion Rinderhack aus der Einkaufstasche. Ob er wohl ein paar Freunde eingeladen hat? Ich nehme mir vor, mich auf keinen Fall einzumischen und ziehe mich unauffällig ins Arbeitszimmer zurück. Für eine ganze Weile dringt lautes Geklapper und Geschepper aus der Küche herüber und einige Zeit später ein betörender Duft von (vielleicht ein klein wenig zu viel) Thymian. Ab und an sind leise Flüche zu hören, zwischendurch riecht es kurz mal angebrannt, aber ich bleibe stoisch an meinem Platz, denn mein Sohn wird sich schon melden, wenn er Hilfe braucht. Doch das geschieht nicht; stattdessen tönt es irgendwann aus dem Wohnzimmer: »Essen ist fertig!«

Trifft sich gut, allmählich bin ich ganz schön hungrig geworden. An meinem Platz steht ein verheißungsvoll dampfender Teller, der bis zum Rand mit Hackfleisch gefüllt ist, das in einer Sahnesoße voller Thymian schwimmt. Obendrauf thront eine Cocktailtomate. Der Teller meines Sohnes ist identisch bis auf eine kleine Einzelheit: Bei ihm fehlt die Tomate.

»Guten Appetit«, sagt er stolz.

Wir setzen uns und ich probiere. Es schmeckt ziemlich gut, wenn auch der Thymian ein bisschen dominant erscheint. Aber Hackfleisch in Sahnesoße ist einfach eine sehr robuste Sache, der man so schnell nichts anhaben kann.

»Lecker«, sage ich, »diese … ähm … Gemüsepfanne.«

Jetzt muss er dann doch grinsen.

»Das Gemüse ist die Tomate da obendrauf.«

»Dachte ich mir schon. Und habt ihr das in der Schule auch so gekocht, wie du es hier gemacht hast?«

»Nee«, gibt er zu. »Da haben wir Zucchini, Aubergine und Möhren dringehabt. Und Knoblauch. Aber Zucchini und Aubergine mag ich nicht so gern. Und Möhren zu schälen, war mir jetzt zu anstrengend. Und vom Knoblauchschneiden riechen die Finger so komisch. Dafür haben wir in der Schule das Hackfleisch weggelassen.«

»Aha«, nicke ich, »du hast es also in wenigen Details ein klitzekleines bisschen abgeändert.«

»Du sagst es. Und? Schmeckt's dir?«

»Hervorragend. Eine der besten Gemüsepfannen, die ich je gegessen habe«, antworte ich.

Trotzdem machen wir nach dem Essen gemeinsam eine (überschaubare) Liste von Gemüsesorten, die mein Sohn gerne mag. Und nächste Woche gibt es eine neue Gemüsepfanne. Dann ohne Hackfleisch, denn was wir heute gegessen haben, reicht für zwei Wochen. Eigentlich war ich davon ausgegangen, dass Justus nun anschließend noch die Küche aufräumt, in der sich um den Herd ein hübscher Halbkreis von Sahnespritzern mit Thymian gebildet hat. Aber leider haben sie das Aufräumen in der Schule noch nicht durchgenommen.

 *Alltag und Familienleben*

WENIGER PIZZAKARTONS

Anders als mit Kindern *gemeinsam* zu kochen (wie auf Seite 19), ist es durchaus komfortabel, ein Kind mal *alleine* kochen zu lassen. Loben Sie tüchtig, dann wird es sich stolz und tüchtig fühlen. Darüber hinaus ist es eine tolle Investition in die Zukunft: Wer mit elf schon kochen lernt, dessen künftige WG-Kollegen haben später weniger Pizzakartons im Altpapier. Vielleicht. Aber fragen Sie lieber vorher nach, ob Aufräumen schon im Unterricht dran war oder noch nicht.

JUNGS GEHEN SHOPPEN (UND PAPA DARF MIT)

»Und heute nach der Schule fahren wir in die Stadt«, sagte meine Mutter, »denn du brauchst ein paar neue Sachen zum Anziehen.«

»Nein, ich brauche nichts. Alles super mit meinen Klamotten.«

»Doch, doch. Die Hosen haben Löcher und die Pullis sind fast alle zu klein geworden.«

»Neeeiiin …! Erbarmen!«

Wenige Dinge habe ich als Kind mehr gehasst als Shopping. Alle haben das gehasst, alle meine Freunde und jeder Junge, den ich kannte, und überhaupt jeder Junge, den ich mir auch nur im Entferntesten vorstellen konnte, hat das gehasst. Aber da scheint die heutige Jungsgeneration in weiten Teilen anders zu ticken als damals.

»Papa, ich brauche neue Schuhe«, lässt mich Justus wissen. »Und ein Longsleeve mit Kapuze. Besser zwei.«

»Ja, okay«, sage ich, »am Wochenende hat Mama bestimmt Zeit, mit dir in die Stadt zu fahren.«

»Aber ich würd gern mal mit dir einkaufen gehen«, entgegnet mein Sohn, »nicht immer nur mit Mama.«

Ja, warum eigentlich nicht?

Tablets haben keine Kapuze

Fahren wir also in die Stadt. Oder was man in Leverkusen eben dafür hält. Unsere sogenannte Stadtmitte ist ein ziemlich künstlich angelegtes Zentrum. Als vor Jahrzehnten das Bayerwerk expandierte und mit ihm die Ansammlung kleiner Ortschaften, schloss man sie irgendwann zu einer Stadt zusammen und verpasste ihr sehr romantisch den Namen von Dr. Carl Leverkus, einem Chemiker und Firmenboss des 19. Jahrhunderts. Das künstliche Herz der Stadt schlug seither in einer

Betonwüste von Fußgängerzone, bevor unlängst alles abgerissen und durch eine große Mall ersetzt wurde.

Das Verrückte an solchen Malls ist ja, dass offenbar irgendwann irgendjemand einmalig einen Plan davon angefertigt hat, damit man sie in jeder beliebigen Stadt beinahe identisch aufbauen kann. Mit immer haargenau denselben Boutiquen und Parfümerien im Obergeschoss und den immer selben Fressläden auf der Tiefebene. Alles wirkt so austauschbar, dass nichts darauf hindeutet, in welcher Stadt man sich gerade eigentlich befindet – es könnte genauso gut Köln, München oder Leipzig sein oder Castrop-Rauxel. Letzteres würde zumindest erklären, warum im Sportladen die Auswahl an Devotionalien des BVB fast größer ist als der der heimischen Werkself.

Doch zunächst zieht es meinen Sohn in die örtliche Dependance einer großen Elektronik-Fachmarkt-Kette.

»Lass uns mal Tablets gucken«, schlägt er vor.

»Tablets kannst du aber nicht anziehen«, gebe ich zu bedenken. »Sie haben auch meistens keine Kapuze.«

»Aber ich will mir doch zu Weihnachten eines wünschen«, sagt er, »da muss ich doch mal schauen, was es überhaupt gibt.«

Wir streifen durch den riesigen Laden und während ich in der Musikabteilung hängen bleibe, hat mein Sohn schon einen schnauzbärtigen Verkäufer in ein Fachgespräch verwickelt. Ich eile hinzu, um ein paar Fetzen des regen Austauschs mitzubekommen. Da wendet sich mein Sohn plötzlich ab und lässt mich mit dem Mann im blauen Firmendress einfach so stehen. Im nächsten Moment rieche ich, wieso.

Justus hat uns einen mächtigen Pups dagelassen und sich schnell vom Acker gemacht. Der Schnauzbart kräuselt seine Nase und schaut mich missbilligend an.

»Danke für die Info«, sage ich rasch und entferne mich ebenfalls.

»Können wir jetzt Klamotten kaufen?«, frage ich meinen Sohn, als ich ihn eingeholt habe.

»Ich möchte vorher noch in den Gameladen, nur ganz kurz, da will ich was nachschauen.«

»In Gottes Namen«, stöhne ich.

»Rr§hjg%ug)zd /###?«

Dieser Gameladen ist ein Laden für Gamer. Sagt ja schon der Begriff. Hier haben eigentlich nur Nerds Zutritt. Wenn ich hingegen diesen Laden betrete, ist es wie im klassischen Western, wo ein Fremder in den Saloon kommt. Da verstummen schlagartig alle Gespräche, jeder dreht sich nach mir um und alle wissen sofort, dass ich ein Eindringling bin, ein Alien in ihrer Welt, der nicht die allergeringste Ahnung hat, was hier eigentlich verkauft wird – und wozu überhaupt.

Ein grauhaariger Teenager lehnt an der Theke und hebt die Augenbrauen. Mein Sohn beugt sich zu ihm hinüber und fragt: »Rr§hjg%ug) zd, f/ o&k$jr jkj*ü(p ecd«n!=h i3e&d /###?«

Zumindest hört es sich in meinen Ohren so an, denn ich verstehe kein Wort. In diesem Laden wird ausschließlich Fachchinesisch gesprochen. Doch die Antwort des Gamedealers ist überraschend simpel: »Steht drauf.«

Tja, denke ich, wer lesen kann, ist klar im Vorteil.

»Worum geht's hier eigentlich?«, raune ich meinem Sohn unauffällig zu, während der jetzt eine Reihe irritierend analog aussehender Spielfiguren mustert.

»Ich wollte wissen«, erklärt er mir, »welche Amiibos für Smash Bros auf Nitendo 3DS passen.«

»Ganz schön knifflig«, grinse ich und mustere die Verpackungen, auf denen teilweise ganz fett die Worte *Smash Bros* und *3DS* gedruckt sind. Das hier ist echt nicht meine Baustelle. Viel lieber würde ich jetzt lesen, denke ich für mich. Wo geht's hier eigentlich zur nächsten Buchhandlung?

»Vorschlag«, brumme ich daher, »ich geh ein bisschen rüber in den Buchladen und wir treffen uns dann nachher im Schuhgeschäft.«

»Jep.«

Natürlich gibt es in so einer Mall keinen *herkömmlichen*, inhaberge-führten Buchladen, sondern bestenfalls eine Dependance einer sehr großen Buchhandelskette. Als guter Autor supporte ich selbstverständ-lich meinen örtlichen Buchhändler und meide normalerweise diese Läden. Andererseits nehme ich deren Marktmacht durchaus ernst. Also mustere ich die aktuellen Bestseller auf den Top-Titel-Tischen, schmökere ein bisschen in einem *SM-Thriller*, den ich mir nie kaufen würde, dann mache ich heimlich einen Kontrollgang und überprüfe, welche meiner eigenen Bücher hier im Regal stehen und wie sichtbar. Falls überhaupt. Tatsächlich entdecke ich meinen aktuellen Jugendro-man etwas lieblos eingezwängt, sehe mich rasch um, ob mich wer be-obachtet, und ziehe das Buch dann ein kleines Stück nach vorn, um meinem nächsten künftigen Leser die Kaufentscheidung etwas zu er-leichtern.

Meine Expertise wird nicht benötigt

Jetzt aber schnell zum Schuhgeschäft.

Dort hat mein Sohn inzwischen nicht lange gefackelt und sich für ein Paar knallroter Basketballschuhe entschieden, deren Ausmaße beinahe furchteinflößend sind. Mit seinen elf Jahren hat er schon Schuhgrö-ße 45. In naher Zukunft muss ich wohl einen Kleinlaster mieten, wenn er neue Schuhe braucht. Oder er kann halt nur noch im Internet be-stellen.

Meine Expertise als Shoppingberater wird offenbar nicht benötigt, bloß meine Bankkarte.

Der anschließende Kauf zweier Longsleeves geht ähnlich schnell von-statten – vor allem deshalb, weil beide Teile exakt identisch sind.

»Warum nimmst du zwei schwarze und nicht stattdessen noch das coole Rote dort?«, frage ich vorsichtig,

»Das ist mir zu rot.«

»Aber die beiden Dinger hier sind genau gleich.«

»Eben drum. Wenn das eine in der Wäsche ist, kann ich das andere tragen.«

Damit erklärt Justus den Kaufvorgang für abgeschlossen, sodass wir endlich – und das schien für ihn von Anfang an das eigentliche Ziel unserer Shoppingtour zu sein – gemütlich im Eiscafé Platz nehmen können.

Bin gespannt, was meine Liebste zu den Schuhen sagt.

Vater und Sohn

WENN MÄNNER SHOPPEN

Vermutlich habe ich das Einkaufengehen als Kind so sehr gehasst, weil ich einfach noch nicht wusste, was ich mag oder haben möchte. Wahrscheinlich wusste ich nicht einmal, dass es überhaupt von mir erwartet wird, etwas zu mögen oder haben zu wollen, anstatt unter Qualen eine Hose nach der anderen zu probieren, die meine Mutter mir in die Umkleidekabine reichte. Da mein Sohn im Gegensatz zu mir über sehr klare Vorstellungen verfügt, ist dieser Ausflug eine Angelegenheit von erfrischender Kürze und Effizienz. Haben Sie also keine Angst davor, mit Ihrem Sohn shoppen zu gehen. Aber nehmen Sie etwas Bargeld mit, denn wichtiger als die Bezahlung seiner Klamotten ist ihm das Eis, das es zum Abschluss als Belohnung gibt. Und zwar mindestens entsprechend seiner Schuhgröße.

JUNGS LANDEN IM LESEKNICK

Kinder werden ja so schnell groß. Plötzlich können sie laufen, gehen irgendwann allein die Treppe hinunter, aufs Klo oder zum Bus und schließlich sogar von allein ins Bett. Kein Kuscheln, Singen, Geschichteerzählen und Trotzdem-drei-mal-wieder-Aufstehen mehr, bloß ein lapidares:»Gute Nacht, Leute«, das war's. Trotzdem machen meine Liebste oder ich später kurz unsere Aufwartung im Zimmer des ältesten Sohnes, denn ein Gute-Nacht-Kuss auf die Stirn ist immer noch drin. Und außerdem muss ja einer allabendlich das Handy einkassieren (wir sprachen darüber).

Doch als ich heute Abend das Ritual vollziehe und mich mit dem Handy in der Hand aus dem vorschriftsmäßig verdunkelten Zimmer zurückziehen will, fragt mein Sohn zögerlich:»Ähm … Papa?«

»Jaha?«

»Papa, hast du nicht vielleicht … ganz eventuell … nur, wenn du gerade nichts Dringendes erledigen musst …«

»Na, was?«

»Also – hast du Lust, mir noch mal was vorzulesen?«

Sooo spannend ist es nun auch wieder nicht

Zu den häufigsten Publikumsfragen bei einer Autorenlesung (nach »Woher kriegen Sie die Ideen?« und »Kann man davon leben?«) lautet: »Lesen Ihre Kinder Ihre Bücher?« Jahrelang konnte ich mir die Antwort sehr einfach machen und sagen:»Dafür sind sie noch viel zu klein.« Heute muss ich einräumen:»Ich wäre schon dankbar, wenn mein ältester Sohn überhaupt irgendetwas liest.«

Ja, ja, ja. Lesen bildet, stärkt die Fantasie, eröffnet neue Horizonte, fördert schulische Leistungen und erweitert sogar die Sozialkompetenz. Lesen ist sooo wichtig. Das müssen Sie mir nicht erklären, ich verdiene schließlich mein Geld damit, dass andere Leute lesen. Wie jetzt gerade Sie, zum Beispiel. Unser Haushalt wimmelt von Büchern zu jedem Thema und für jedes Alter. Tausende Stunden haben wir auf Justus' Bettkante gesessen und uns den Mund fusselig gelesen. Vom kleinen Maulwurf mit der Hundekacke auf dem Kopf über *Harry Potter* und *Die Drei ???* bis zu absoluten Klassikern wie *Tom Sawyer, Robinson Crusoe* oder *Die Schatzinsel*.

Immer war mein Sohn mit ganzer Aufmerksamkeit dabei, fieberte mit seinen Helden mit und beschwerte sich angemessen, wenn ich ausgerechnet an der spannendsten Stelle das Buch mit den salbungsvollen Worten zuklappte: »Ob er da wieder herauskommt, erfahren wir morgen Abend.«

»Weiter, weiter, bitte nur noch eine Seite«, bettelte er regelmäßig, bis ich eines Tages – er war immerhin im zweiten oder dritten Schuljahr – großherzig anbot: »Du darfst das Kapitel selber zu Ende lesen. Jetzt gleich. Dann machst du ausnahmsweise eine Viertelstunde später das Licht aus.«

Doch mein überaus wohlmeinendes Angebot wurde abschätzig in den Wind geschrieben.

»Ach … nö, kein Bock. Warte ich halt bis morgen.«

Die elektronische Konkurrenz
ist übermächtig

Wie kriegt man Jungs zum Lesen? Ich hab sogar schon Vorträge dazu gehalten. (Das war natürlich lange, bevor ich selber ratlos vor dieser Frage stand.) Die Liste der Tipps ist rasch hergesagt: Lesen Sie vor, lesen Sie mit, lesen Sie abwechselnd, finden Sie spannende Stoffe, Geschichten über (Anti-)Helden mit Identifikationspotenzial, unterhalten Sie sich mit Ihrem Sohn über die Lektüre, verknüpfen Sie das Buch mit gemeinsamen Erlebnissen (lieber nicht beim Maulwurf mit der Hundekacke …). Versuchen Sie es auch mal mit Sachbüchern (Titel über Dinosaurier, Feuerwehr oder Yedi-Ritter füllen bei uns etliche Regalmeter) oder mit Comics respektive Graphic Novels. Ist ja kein Wunder, dass Jeff Kinney, der Schöpfer von Gregs Tagebüchern, längst Millionär ist. Auch wir haben ihm sein sorgloses Leben fleißig mitfinanziert. Diverse Greg-Bände stehen quasi wie druckfrisch unberührt neben den Yedi-Büchern. Denn nichts von alledem half hier.

Dass Jungs irgendwann nicht (mehr) lesen, gilt ja als Binsenweisheit. Seit Jahrzehnten sprechen sämtliche Studien eine eindeutige Sprache. Als Autor von Jugendromanen bin ich früh in der Schublade gelandet, dass sich meine Bücher super für Jungs eignen würden, gerade auch für solche, die sonst nicht gern lesen. Doch sogar solche typischen Weniglesende-Jungs-Bücher voll von krassestem Testosteron-Content werden letztendlich zu achtzig Prozent von viellesenden Mädchen konsumiert. Und auf die zwanzig Prozent darf ich mir echt schon was einbilden. Ich bin wirklich sehr stolz auf meine männlichen jungen Leser, vor allem auch, weil ich selber nie einer von ihnen war. Zwar hatte ich als Kind Hunderte Bücher verschlungen, doch mit zwölf oder dreizehn war plötzlich Schluss. Das Angebot konkurrierender (elektronischer) Medien war schlicht übermächtig. Gerne spricht man hier vom »Leseknick«.

Wer nicht lesen will,
mag vielleicht schreiben

Erst mit Mitte zwanzig begann ich allmählich, die Literatur für mich zu entdecken. Diese Selbsterfahrung belässt mir ein gewisses Urvertrauen ins Lesen als solches, denn vielleicht, wer weiß, wird es meinem ältesten Sohn später einmal ähnlich gehen.

Und jetzt mal ehrlich – es stimmt doch gar nicht, dass Jungs nicht (mehr) lesen. Sie lesen den Sportteil Ihrer Zeitung, sie googeln nach Songtexten und befragen Wikipedia für ihre Referate (immerhin). Und manchmal, ja tatsächlich, lesen sie das, was sie selber geschrieben haben. Denn die Literalität (man spricht auch gern von der englischen Entsprechung: literacy), also die Lese- und Schreibfähigkeit, hängt eben nicht nur vom Lesen selbst ab, sondern auch davon, ob Kinder und Jugendliche selber gern schreiben. »Lesen durch Schreiben« ist nämlich nicht nur eine in vielen Grundschulen bestens erprobte Methode, sondern auch ein gutes Rezept fürs restliche Leben.

Vielleicht wundern Sie sich, wenn ich Ihnen nun sage, dass Justus gern und häufig Tagebuch führt. Greg lässt grüßen. Vermutlich lässt er sich darin ausführlich über seinen bescheuerten Vater und seine beiden schrecklichen kleinen Brüder aus – keine Ahnung, denn ich habe – ehrlich! – noch nie reingeschaut.

An diesem Abend jedenfalls setze ich mich zu ihm ans Bett und wir lesen noch mal abwechselnd aus einem Buch vor, wie wir es früher getan haben. Manchmal geht es ja gar nicht darum, *was* wir tun, sondern dass wir es *gemeinsam* tun.

 ## *Von Mann zu Mann*

ANTI-TIPP FÜR SIE

Jetzt hab ich oben im Text schon so viele Tipps eingebaut, dass Sie hier am Ende gar keinen mehr brauchen. Außer diesem hier: Will Ihr Sohn nicht lesen, hat es nie und wird es auch niemals tun, dann ist das halt eben so. Bitte verzweifeln Sie nicht. Er hat andere Stärken und die sind auch wichtig.

JUNGS SUCHEN IHREN STYLE

Wenn Sie eines Tages feststellen, dass Ihr Haarwachs plötzlich viel schneller zur Neige geht als gewöhnlich und zudem irgendjemand unbefugt Ihr Aftershave benutzt hat, dann ist es so weit: Ihr Sohn hat begonnen, nach seinem Style zu suchen. Wir wissen natürlich, dass dies der Anfang einer langen Reise ist, die vielleicht nie endet. Aber er steht ganz am Anfang und ist voller Optimismus.

»Wenn ich du wäre ... « interessiert nicht

Mein ältester Sohn steht vor dem Spiegel und entlädt die halbe Dose Haarspray über seinem Kopf. Genauer gesagt auf die Tolle, die in seine Stirn hängt. Wir müssten dringend einen zweiten Spiegel schräg versetzt an der gegenüberliegenden Wand installieren, damit man sich darin von hinten betrachten kann.

»Es sieht komisch aus«, bemerke ich unsensibel, »wenn du vorne eine Tonne Zeugs im Haar hast und auf den übrigen Haaren nichts davon.«

»Du hast keine Ahnung«, brummt er.

»Moment mal«, sage ich und beginne, in den Sachen meiner Liebsten herumzuwühlen. Hier muss doch irgendwo ein Handspiegel sein. Ich finde einen und halte ihn meinem Sohn hin. Er mustert seinen Hinterkopf, knurrt etwas Unverständliches, dann bückt er sich unter den Wasserhahn und wäscht das ganze Haarspray wieder heraus.

Mit triefenden Haaren richtet er sich wieder auf, fischt eine Tube Gel aus dem Schrank und nimmt einen neuen Anlauf. Nach zwei Minuten hat er die Frisur einer Playmobilfigur. Ich halte ihm wortlos den Handspiegel hin und er nickt zufrieden. Immerhin sieht es jetzt von allen Seiten gleich aus.

»Du musst nicht danebenstehen«, lässt er mich wissen.

Ich trolle mich aus dem Bad. Kurz darauf höre ich wieder das Wasser rauschen, auch das Gel fließt dahin. Wenig später kommt er frustriert heraus und fragt: »Kannst du morgen mit mir zum Friseur gehen? Ich will die Haare ganz kurz haben.«

»Oh, wie schade«, sage ich. »Wenn ich so tolles Haar hätte wie du, würde ich es richtig lang tragen.«

Er schenkt mir einen Blick voller Mitleid. Tatsächlich hatte ich früher genauso volles, kräftiges Haar wie er. Justus will sich in sein Zimmer zurückziehen, doch im Flur dreht er sich noch einmal um und fragt zögernd: »Findest du meine Haare wirklich toll?«

Als ich den Handspiegel schließlich wieder wegräumen will, mache ich den entscheidenden Fehler und betrachte meinen eigenen Hinterkopf. Wotzefackju, ich hatte keine Ahnung, wie sehr inzwischen die blanke Stelle dort gewachsen ist. Eigentlich brauche ich selber mal dringend einen neuen Style.

Vater und Sohn

VERLETZUNGEN BLEIBEN

Ihr Sohn braucht Ihren Support. Komplimente, Bestätigung. Natürlich wollen Sie nur sein Bestes. Ihr Großvater wollte für Ihren Vater auch nur das Beste, als er diesem in den Fünfzigern einen Pottschnitt plus Lodenjacke verordnet hat. Die Geschmäcker ändern sich, aber Verletzungen bleiben. Eine miese Rückmeldung vom eigenen Vater zum äußeren Erscheinungsbild trifft Ihren Sohn im Zweifel härter, als wenn er eine Weile geschmacksverirrt durch die Gegend läuft. Und womöglich ist es gar keine Verirrung, sondern schlicht ein neuer Style, den Sie bis jetzt einfach noch nicht kannten.

JUNGS REISEN ANS ENDE DER WELT

Seit vielen Jahren lebt meine Studienfreundin Nike auf den Shetland-inseln. Jedenfalls sagt man »Shetlandinseln«, wobei Nike genau ge-nommen natürlich nicht auf mehreren Inseln lebt, sondern bloß auf einer einzigen von ihnen, nämlich der Hauptinsel Mainland, wo sie als Lehrerin arbeitet.

Mein letzter Besuch dort liegt etliche Jahre zurück und ich habe mir schon lange vorgenommen, mal wieder hinzufliegen. Wobei *Hinfliegen* es nicht ganz trifft. Es geht mit dem Flugzeug bis Glasgow, dann mit der Bahn bis Aberdeen und von dort mit der Fähre hinaus in die Nacht, bis im Morgennebel des Nordatlantiks das karge, baumlose Ei-land auftaucht. Auch Studienfreund Raphael möchte diesmal mit. Schon packt mich das Reisefieber.

Allein – der Familienkalender weist auf Monate hinaus kaum noch Lücken auf. Sämtliche *langen Wochenenden* sind bereits verplant und außerdem wurde ich (erfreulicherweise natürlich) für so viele Lesereis-en gebucht, dass meine Liebste die Kinderbetreuung noch gerade so abgedeckt bekommt. Noch mehr Abwesenheit meinerseits geht eigent-lich nicht. Doch Justus hat eine Idee.

»Ich könnte ja mitkommen«, schlägt er vor. »Dann fliegen wir einfach an dem Wochenende nach Schottland, an dem wir eigentlich ins Play-mobilland fahren wollten.«

Manchmal muss man Opfer bringen

Das Playmobilland-Wochenende ist schon lange reserviert. Und sol-che Vater-Sohn-Touren sind mir eigentlich zu wichtig, ich würde sie nicht gern opfern. Doch mein Sohn sieht es offenbar gar nicht als Op-fer, mich bei meiner Revivaltour zu begleiten. (Aber ich vielleicht.) »Ich bin ja dann mit meinen Freunden zusammen«, wende ich ein,

»das könnte für dich langweilig werden. Und außerdem ist das echt
eine sehr lange Reise. Nike lebt quasi am Ende der Welt.«

»Echt jetzt?«

Die Augen meines Sohnes beginnen zu leuchten. Er hat sich entschieden. Die Frage ist bloß, ob ich wirklich meine ersehnte Studienfreun-
de-Revival-Tour mit der Anwesenheit eines Kindes belasten möchte.

Tags drauf telefoniere ich mit Raphael.

»Weißt du«, sagt er, »ich hab tatsächlich auch schon überlegt, ob ich
nicht vielleicht Simon mitnehmen könnte.«

Simon ist sein ältester Sohn, ein Jahr jünger als Justus. Das passt doch
perfekt. So wird aus unserer Shetlandreise eine Väter-Söhne-Tour.
Praktischerweise haben Nike und ihr Mann Alastair ein großes Haus.

Jungs diskutieren die Zukunft Schottlands

Ich fliege selten und finde das ganz extrem aufregend. Also eigentlich
nicht das Fliegen selbst. Sobald ich die Gangway betrete, entspanne
ich mich total, denn ab da kann ja eigentlich nichts mehr schiefgehen
– jedenfalls nichts, worauf ich selber unmittelbar Einfluss habe. Aber
bis dahin bin ich ein Nervenbündel: Rechtzeitig zum Flughafen kommen, den richtigen Check-in finden, die Kontrollen überstehen und
dann das richtige Gate erreichen – all das reibt mich tierisch auf.

»Gibst du mir meinen Ausweis?«, fragt Justus, als wir das Flughafenge-
bäude betreten. »Ich will ihn selber vorzeigen.«

»Okay«, sage ich zögerlich, fummle die Plastikkarte aus meinem Rucksack und gebe sie ihm. »Bitte gut drauf aufpassen. Wenn du ihn ver-
lierst, endet unsere Reise hier.«

»Klar.«

Eigentlich weiß ich, dass Justus bei solchen Sachen viel cooler ist als
ich, aber es wurmt mich trotzdem, als er ganz selbstverständlich mit

seinem Pass durch die Ausweiskontrolle spaziert, während ich mitten in der Schlange meinen halben Rucksack ausleeren muss, um meinen eigenen Pass zu finden. Am besten hätte ich meinem Sohn gleich beide Ausweise gegeben, da scheinen sie sicherer zu sein.

Justus und Simon fliegen beide zum ersten Mal und bestaunen die weiße Wolkendecke unter uns. Da wir in Manchester zwischenlanden, können wir das eindrucksvolle Start- und Landeerlebnis gleich zweimal genießen. Dann folgt die Bahnreise und am Ende eines langen Tages sitzen wir in der Bar unserer Fähre. Die Jungs schauen einen Film auf meinem Laptop, Raphael und ich trinken Bier, tauschen neue und alte Geschichten aus.

Der Hafen von Lerwick empfängt uns am Morgen mit strahlendem Sonnenschein statt mit Nebel. Nike steht am Kai und winkt. Hatte ich befürchtet, dass die Jungs uns zur Last fallen würden? Hatte ich, aber das war Unsinn. Sie bereichern unser Zusammensein, weil wir die Insel auf diese Weise auch ein bisschen mit Kinderaugen sehen und uns ihr Staunen zu eigen machen können. Abends sitzen wir im Pub zusammen und diskutieren über den Brexit und die Zukunft Schottlands, die Jungs diskutieren eifrig mit. Dass Alastair inzwischen gut Deutsch spricht, ist natürlich hilfreich, aber Justus und Simon können auch ihr Schulenglisch ganz schön aufpeppen. Und für die *richtigen Erwachsenenthemen* bleibt noch genug Zeit, als die beiden schließlich ins Bett gehen und wir vier Großen noch beim Whiskey am Kamin zusammensitzen.

Nichts gegen Playmobilland, aber das hier ist atemberaubend

Am zweiten Tag mieten wir ein Auto und cruisen über die Insel. Linksverkehr ist ja halb so schlimm, wenn die Straßen so schmal sind, dass es eh nur eine Spur gibt. Wir brettern durch die hügelige Graslandschaft und erreichen wirklich, wie versprochen, das Ende der Welt. Dort liegt in der Bucht von Sullom Voe das größte Ölterminal Europas – ein atemberaubender Anblick. Das Geflecht aus Türmen, Röhren, Leitungen ruht da mitten in der Mondlandschaft, als habe sich hier eine Kolonie von Borg niedergelassen. Am Horizont wogt das offene Meer, der Polarkreis ist nicht mehr weit.

Nichts gegen Playmobilland, aber das hier ist schon was anderes.

Auf der Rückreise haben wir am Flughafen Probleme mit dem Check-in. Ich hab's ja gewusst, dass irgendwann was schiefgeht! Ich schwitze etliche Liter Blut und Wasser und tatsächlich wird das Gate gerade geschlossen, als zwei Männer und zwei Jungs in letzter Sekunde angehetzt kommen. Gott sei Dank nehmen sie uns noch mit.

»Alles cool«, beruhigt mich mein Sohn, als wir schließlich im Flieger sitzen. »War doch echt eine tolle Tour. Und keine Sorge. Playmobilland holen wir irgendwann nach.«

Vater und Sohn

TEIL VON PAPAS ECHTEM LEBEN

Alle Jungs finden es super, mit ihrem Vater auf Reisen zu gehen. Und natürlich ist so eine Vater-Sohn-Tour was ganz Besonderes, wo es nur um Sie beide geht, wo Sie endlich mal ungestört Zeit für einander haben. Zugleich finden Kinder es aber auch faszinierend, ein Stück in *Ihr* Leben einzutauchen und daran teilzuhaben. An *Ihren* Themen, *Ihren* Freundschaften, *Ihren* Abenteuern. So wie fast alle Kinder irgendwann mal fragen, ob sie denn mal Papa auf der Arbeit besuchen dürfen. Wenn es sich also irgendwann irgendwo ergibt, nehmen Sie Ihren Sohn einfach mal mit.

JUNGS MACHEN MITTELFRISTIGE FINANZPLANUNG

Nach unserer Rückkehr von den Shetlands rückt Justus eher widerstrebend seinen Ausweis wieder heraus.

»Es ist doch meiner«, protestiert er, »warum kann ich ihn nicht in meinem Portemonnaie aufbewahren? Oder wenigstens in meiner Schreibtischschublade?«

»Weil ich gern alle wichtigen Dokumente beisammenhabe«, erkläre ich. »Damit ich mit einem Griff alles habe – Ausweis, Impfpass, Versichertenkarte, Sparbuch. Solche Sachen halt.«

»Apropos Sparbuch«, sagt er und schaut hintergründig.

»Vertrau mir, okay?«

Seit mein ältester Sohn anlässlich seiner Erstkommunion mit Geldbeträgen verschiedenster Größe überhäuft worden ist, führt er ein Sparbuch. Beziehungsweise das Kreditinstitut unseres Vertrauens führt es und ich bewahre es auf.

»Ich kann doch theoretisch einfach mit dem Sparbuch zur Sparkasse gehen und Geld abheben, richtig?«, fragt er nun. »Ohne, dass ein Erwachsener mitkommen muss?«

»Ähm … ja?« Meine Antwort klingt wie eine Frage. »Worauf willst du hinaus?«

»Na, ich könnte doch morgen mal zur Sparkasse fahren und mir etwas Geld holen.«

»An wie viel denkst du?«

»Och, zehn Euro vielleicht. Ich würde mir gern was kaufen.«

»Was denn?«

»Weiß ich noch nicht.«

»Hast du nichts mehr in deiner Spardose?«

»Doch, so drei oder vier Euro vielleicht und ein paar Cent. Und wenn ich mir nachher was kaufe, tu ich das Restgeld natürlich auch sofort in die Spardose.«

Ich bin hin- und hergerissen. Einerseits befremdet mich der Gedanke, wie mein Sohn ganz allein mit dem Sparbuch loszieht und sich Geld auszahlen lässt. Andererseits wäre auch dies wieder mal ein Schritt in Richtung Selbstständigkeit. Im Sinne von Eigenverantwortung. Und mit zehn Euro kann man ja echt nicht viel falsch machen, denke ich. So händige ich Justus am folgenden Tag sein Sparbuch aus.

»Steck es ganz tief in die Tasche«, mahne ich. »Und pass bloß auf, dass du …«

»Papa, bitte«, mahnt er mich. »Ich habe jeden Tag mein Busticket dabei und meine Mensa-Karte und den Büchereiausweis – hab ich da jemals was von verloren?«

»Ähm, nein. Hast du nicht.«

»Na also. Vertrau mir, okay?«

»Ja, tu ich.«

Er schwingt sich aufs Rad und ich seh ihm nach, als zöge er hinaus in die Welt, um irgendwo sein Glück zu machen. Dabei fährt er doch bloß »runter ins Dorf« (so nennt man allgemein den Ortskern unseres Stadtviertels) und zur Sparkasse, um zehn (in Zahlen: 10!) Euro abzuheben.

Ich weiß noch, wie wir ihn zehn Jahre zuvor zum ersten Mal allein bei der Tagesmutter zurückgelassen haben. Oder im Kindergarten. Oder wie er am Tag der Einschulung ganz allein … Ja, schon gut, ich höre auf damit. Aber es ist doch so: Das älteste Kind bestreitet tausend erste Male für sich und für seine Eltern und bei all seinen Geschwistern ist jeder neue Schritt dann nur noch das erste Mal fürs Kind, während die Eltern völlig routiniert damit umgehen. Vielleicht werden Peter und Bob demnächst mit elf Jahren ganz easy von meinem Handy aus irgendwelche Termingeschäfte an internationalen Börsen tätigen und

Werte und Gefühle

GELD SOLL KEIN FETISCH SEIN

Wie man Kindern den richtigen Umgang mit Geld beibringt, ist Gegenstand unzähliger Ratgeber. Dort wird erklärt, wie man Kinder zum Sparen anhält, ihnen ein Gefühl für die Dimensionen von Geldbeträgen vermitteln und sie vor Schulden und Abofallen bewahren kann. Wovor man sie offenbar nicht bewahren kann – jedenfalls habe ich dazu nichts gefunden –, ist die Fetischisierung von Geld. Natürlich spielt Geld eine große Rolle in der Welt und Kinder müssen damit umgehen lernen. Vor allem aber, finde ich, müssen sie ein gesundes (das heißt ein entspanntes) Verhältnis dazu aufbauen. Dazu gehört auch die Erkenntnis, dass man eben mit Geld nicht alles kaufen kann. Und manchmal lernen sie das Sparen sogar von allein ...

ich werde dazu nur milde lächeln. Heute aber bin ich total gespannt, wie viel Geld Justus am Ende wirklich abheben wird. Und was er sich damit kauft.

»Na, was hast du gekauft?«, frage ich neugierig, als er wieder auf der Matte steht.

»Nichts«, sagt er und händigt mir das Sparbuch aus.

Ich blättre es auf und sehe mit Datum von heute zwei Einträge. Zehn Euro ausgezahlt, zehn Euro eingezahlt.

»Ich hab das Geld abgehoben«, sagt er, »und bin rumgefahren, hab aber nichts Gutes gefunden. Da hab ich es zurückgebracht. Wir haben uns doch neulich die Tablets angesehen. Mir fehlen noch vierzig Euro, dann kann ich mir selber eins kaufen. Und darauf spare ich jetzt.«

Da bin ich baff. Ich an seiner Stelle hätte mir wenigstens ein Eis gekauft. Hat er auch, wie sich später rausstellt, ein sehr großes sogar, denn das Sparschwein ist leer.

JUNGS ORGANISIEREN EIN SOCCERMATCH

»Ich find es doof, ein halbes Jahr zu warten«, sagt mein Sohn unvermittelt beim Mittagessen, »bis wir wieder in die Soccerhalle gehen.« Schon im vorigen Kapitel haben wir gesehen, dass man durchaus auch mal Kindergeburtstag feiern kann, ohne dass ein Kind Geburtstag hat (siehe Seite 71). In Justus' Fall bezieht sich *Kindergeburtstag* auf die Anmietung eines Fußballplatzes in der örtlichen Soccerhalle. Zwei Stunden rumbolzen mit den Kumpels, danach in der angeschlossenen Sportsbar eine Riesenpizza vertilgen, fertig.

Jedes Jahr denke ich, wenn er da mit seinen Freunden kickt, dass ich das doch auch mal machen müsste, ein paar Leute anrufen, einen Termin finden, einen Platz mieten und unbeschwert Fußball spielen. Gemacht habe ich das bisher nie.

»Echt doof finde ich das«, wiederholt er. »Ich meine – was gibt es für einen Grund, warum wir nicht einfach so in die Soccerhalle gehen?«

»Gar keinen«, gebe ich zu und nehme meinen Kalender zur Hand, rufe parallel die Website der Halle auf und tippe schon die Nummer ins Telefon. Übernächster Samstag, elf bis dreizehn Uhr. Gebongt. Justus sieht mich staunend an.

»Also gut, pass auf«, sage ich. »Vier von deinen Freunden und vier von meinen. Die Kids zahlen vier Euro pro Nase, die Erwachsenen acht.«

»Hä?«, macht er, »wieso *deine* Freunde?«

»Weil die auch gern Fußball spielen«, sage ich, »und weil ich das eh schon lange machen wollte.«

»Von mir aus«, meint er, »wenn ihr unbedingt verlieren wollt.«

»Wir müssen ja nicht Kinder gegen Erwachsene spielen, wir können die Teams ruhig mischen.«

»Nö, lass mal«, winkt er ab und holt sein Handy, um sofort eine neue WhatsApp-Gruppe anzulegen.

Sinnfrei und selbstvergessen

Ich verlege mich auf die konservative Methode und rufe ein paar Leute an. Alle finden die Idee super. Warum sind wir da nicht schon früher drauf gekommen? Keine Ahnung, egal. Jetzt machen wir es ja.

»Papa?«

»Jaha?«

»Kann ich auch fünf statt vier Leute fragen?«

»Von mir aus.«

»Papa?«

»Jaha?«

»Wie viel muss jeder zahlen, wenn wir sechs Kinder sind?«

»Drei Euro und dreiunddreißig Komma Periode drei Cent.«

»Hä?«

»Vergiss es.«

»Gut, ich frag halt sieben Leute. Dann sind wir acht Kinder und jeder zahlt zwei fuffzig.«

Der Mensch spielt nur da, wo er ganz Mensch ist, formulierte einst Schiller, und er ist nur da ganz Mensch, wo er spielt.

Demzufolge sind wir aber so was von Mensch, als schließlich drei Männer, zwei Frauen und acht Jungs zwischen zehn und zwölf Jahren auf dem Kunstrasen der Soccerhalle gegeneinander antreten. Ich renne sinnfrei und selbstvergessen die Außenbahn hoch und runter, bis mir die Lunge aus dem Hals hängt (nein, kein Tippfehler, es fühlt sich wirklich so an), denn meine Kondition ist echt ziemlich unterirdisch. Dafür macht es umso mehr Spaß.

Ich genieße das große Privileg, einen Job zu haben, bei dem sich immer wieder mal so etwas wie ein Flow einstellt. Darüber vergesse ich leider manchmal, dass auch die Freizeit einiges an Flow bereithält.

Von Mann zu Mann

FREUNDSCHAFTEN PFLEGEN

Freundschaften zu pflegen und gemeinsame Unternehmungen mit anderen zu organisieren, kann man lernen. Und, wie man an mir sieht, auch wieder *verlernen*. Oft bin ich mit Kindern und Beruf so ausgelastet, dass es gerade noch zum Stadionbesuch, einem Kinoabend oder einem Feierabendbier mit dem Best Buddy reicht, zu mehr aber nicht mehr. Vielleicht geht es Ihnen ganz anders als mir, vielleicht auch nicht. Unsere Söhne können es jedenfalls anders machen und wir können ihnen dann und wann dabei unter die Arme greifen.

Liebe, Hass und Abenteuer

Drei Jungs auf einem Haufen

Ein Mann hatte drei Söhne. Das könnte der Beginn meiner Biografie sein. Oder der eines Märchens der Gebrüder Grimm oder der Ringparabel aus *Nathan der Weise*.

Geschwistergeschichten, namentlich Brüdergeschichten, spielen eine herausragende Rolle in allen Kulturen – sie ereignen sich in der Bibel, in den antiken Mythologien oder in der heutigen Klatschpresse, manchmal auch im Profifußball, im Bundestag oder in Wirtschaftsunternehmen. Es sind Geschichten von Rivalität und Eifersucht, von Vertrauen und Zusammenhalt.

Geschwister zu erziehen, gehört zu den großen Herausforderungen des Elternseins. Natürlich lieben wir alle unsere Kinder gleich, aber jedes auf seine eigene Weise. Weil natürlich auch die Kinder ganz verschieden sind. Es hat keinen Sinn, möglichst alle Kinder genau gleich zu behandeln, denn damit werden wir ihnen nicht gerecht. Wir sollten jedes Kind individuell so behandeln, wie es angemessen ist. Der eine Sohn braucht vielleicht etwas mehr Schutz und Geborgenheit bei seinem wilden Temperament, der andere vielleicht mehr Ermutigung und Ansporn, um aus sich herausgehen zu können.

Auf jeden Fall kommt sofort eine völlig andere Dynamik auf, sobald Sie nicht allein mit einem Sohn etwas unternehmen, sondern mit zwei oder vielleicht sogar mit drei Kindern gleichzeitig. Lassen Sie sich ruhig darauf ein. Vielleicht wird es anstrengender, aufreibender und unkalkulierbarer, als wenn Sie nur zu zweit etwas unternehmen. Auf jeden Fall aber haben Sie hinterher was zu erzählen.

JUNGS HASSEN EINANDER (IN **TIEFER LIEBE**)

»Gib mir die verdammte Fernbedienung zurück!« (Bruder 1 zu Bruder 3)

»Nein, ich bin jetzt dran!« (Bruder 3)

»Du bist nicht *dran*, du bist *raus*! (Bruder 1)

»Du Arsch!«

»Du Baby!«

»Selber! Und *du* auch, ihr alle beide! Arschbrüder! Wotzefackju-schade!« (Bruder 3 zu Bruder 1 und 2)

»Ja, hau bloß ab, wir hassen dich.« (Bruder 2)

»Nein, nicht *wir*. Nur *er*.« (Bruder 1 zu Bruder 3) »Er hasst dich, aber ich nicht; nicht dich, ich hasse nur ihn.«

»Dann hasse ich dich eben auch!« (Bruder 2 zu Bruder 1) »Ich hasse euch alle beide!«

»Und ich hasse euch alle noch viel, viel mehr!« (Bruder 3 zu Bruder 1 und 2) »Ähm – Papa? Was heißt eigentlich hassen?«

Senior Executive Big Brother gegen kleine Brüder

Alles begann mit diesem dicken roten Strich auf dem Farbfeld des Schwangerschaftstests. Meine Liebste und ich hatten das schon einmal gesehen, deshalb fühlten wir uns diesmal immerhin darauf vorbereitet. Trotzdem warteten wir noch eine Weile, bevor wir unserem dreijährigen Justus eröffneten: »Herzlichen Glückwunsch, bald wirst du ein großer Bruder sein.«

»Hurra, ich kriege eine Schwester«, freute er sich, weil er erstens zwischen den beiden Wörtern »Geschwisterkind« und »Schwester« keinen substanziellen Unterschied ausmachen wollte und zweitens der

Meinung war, es müsse doch ordnungshalber ein Mädchen werden, schließlich sei er ja selbst schon ein Junge. Als er dann ein gutes halbes Jahr später doch ein winziges Brüderchen im Arm hielt, nahm er es der Natur nicht krumm. Jedenfalls nicht sofort. Aber nach einer Weile begann ihn die Eifersucht zu beschleichen. Dieser kleine, meckernde Wurm hing dauernd an Mama dran und sämtliche Großeltern, Tanten und entfernten Verwandten, die doch sonst immer bloß aufgetaucht waren, um ihn, den einen und einzigen Sohn, mit Geschenken zu überhäufen, drängten sich nun um den quengelnden Eindringling mit der Stinkewindel. Peter hat Justus *entthront*, wie es Psychologen bildstark ausdrücken. Was für eine Schmach, welch eine Ungerechtigkeit; das schreit nach Rache!

Noch einmal drei Jahre später kommt es erneut zu einer schweren Erschütterung der Familientektonik. Mit dem kleinen Bob sind die Jungs plötzlich zu dritt. Peter wird vom klar definierten kleinen Bruder zum Sandwichkind, das oft dazwischenhängt. Er gehört mal zu den *beiden Großen* und mal zu den *beiden Kleinen*, während Justus sich nun bisweilen mit größter Abgeklärtheit als eine Art Senior Executive Big Brother geriert.

Das Verhältnis der drei untereinander bleibt trotzdem dynamisch: Sie lieben und hassen sich, sie schlagen und vertragen sich, schmieden immerwährend wechselnde Bündnisse und passen auch mal aufeinander auf, wenn es sein muss. Und wenn es zwischen ihnen eskaliert, greife ich meistens erst spät ein. Denn sie erwarten ja von mir nicht, dass ich schlichte und versöhne, sondern dass ich richte und urteile, dass ich den Schuldigen dingfest mache und bestrafe. Manchmal geschieht das tatsächlich, wenn ich unmittelbar mitkriege, wie einer richtig gemein zu einem anderen ist. Dann verweise ich schon mal den Übeltäter des Zimmers; und bei besonderer Schwere der Schuld muss er ein ernsthaftes Männergespräch über sich ergehen lassen. Was diese Typen nur leider meist gar nicht als schwerwiegende Konsequenz ih-

Von Mann zu Mann

DEM ERSTEN KIND VERZEIHEN

Bevor Sie sich fragen, was Sie für ein gutes Verhältnis Ihrer Kinder untereinander tun können, fragen Sie sich ruhig einmal, welches Verhältnis Sie selbst zu jedem einzelnen Kind haben und wie Sie diese Beziehung gestalten. Für mich steht meist mein ältester Sohn im Fokus. An ihn habe ich die höchsten Erwartungen, mit ihm bin ich am schnellsten unzufrieden, ihn motze ich schneller an als seine jungen Brüder. Sehr ungerecht. Das erste Kind ist dasjenige, das unser Leben am meisten verändert: sich in die Paarbeziehung hineindrängt, Freizeit und Nachtruhe zerstört, das Einkommen abstürzen lässt – und außerdem schuld daran ist, dass wir lange wenig Sex haben. Ihm all das zu verzeihen, ist nicht leicht. Die Zweit- und Drittgeborenen fallen uns im Vergleich viel weniger zur Last. Wir haben inzwischen Erfahrungen und Routine gesammelt und glauben daher, mit ihnen sei scheinbar alles viel leichter und einfacher. Allein in diesem Gefühl (unserem Gefühl!) liegt schon ein Kern brüderlicher Eifersucht. Und zwar zu Recht. Aber wenn wir selber an dieser Art von Geschwisterverhältnis arbeiten, wenn wir unsere eigenen Ungerechtigkeiten ausgleichen, dann wird sich auch das Verhältnis der Geschwister untereinander verbessern. Fast zwangsläufig.

res Handelns auffassen, eher als kleine Auszeichnung außerhalb der Reihe. Im Durcheinander mehrerer Geschwister ist ja ansonsten wenig Gelegenheit, die ungeteilte Aufmerksamkeit eines Elternteiles für sich ganz allein zu haben …

Tja, was heißt denn nun hassen? Bob sieht mich mit großen Augen an. »Hass«, sage ich nach einer Weile, »ist ein sehr, sehr starkes Gefühl für einen ganz besonderen Menschen.«

JUNGS GEHEN ZUM **FRISEUR**

Schon länger hatte mein ältester Sohn Justus nach einem Friseurtermin verlangt. So ganz traut er sich noch nicht, einfach allein hinzugehen. Ich begleite ihn gern, denn mir selber würde auch ein neuer Haarschnitt guttun, doch wann hätten wir Zeit dafür? Muss ich eine der Omas anheuern, um auf Justus' jüngere Brüder aufzupassen? Oder kommt die Liebste mal früher aus dem Büro nach Hause?

»Alles gar kein Problem«, verkünden Peter und Bob. »Wir kommen nämlich mit. Wir wollen auch neue Frisuren.«

Ja, drunter tun sie's nicht. Da geht man nicht zum Friseur und sagt: »Bitte mal kurz die Ohren frei schneiden und den Nacken, danke, fertig, tschüss.« Nein, da muss gleich eine neue Frisur her.

Nee, lieber nicht ganz so extrem cool

»Na, wegen mir könnt ihr euch sonst was für Frisuren machen lassen«, sage ich, »solange es nicht mehr als zwanzig Euro kostet. Und, zweite Bedingung, wenn ihr euch das vorher überlegt und nicht erst dann, wenn ihr da auf dem Stuhl sitzt.«

Abgemacht. Justus zieht sich mit seinem Handy zurück und googelt »coole Frisuren für Jungs«.

»Nee, nicht ganz so extrem cool«, höre ich kurz darauf aus seinem Zimmer. »Zeig mir alle Frisuren von Justin Bieber.«

Peter hat derweil diverse Fußball-Sticker-Alben auf dem Fußboden im Wohnzimmer ausgebreitet und versinkt grübelnd in die Konterfeis seiner Stars.

»Chicharito ist mein Lieblingsspieler«, sagt er, »aber seine Frisur ist voll langweilig.«

»Wen findest du sonst noch gut?«

»Paul Pogba.« Er hält die Karte mit dem Bild des französischen Nationalspielers hoch. Der trägt eine blondierte schmale Bürste auf dem Schädel und hat die Seiten zu interessanten Mustern ausrasiert. »Aber das trau ich mich nicht«, sagt Peter. »Vielleicht doch lieber so wie Julian Brandt?«

Er zieht die Karte aus dem Album und steckt sie ein.

»Können Sie Haare auch länger machen?«

»Und du, Bob?«, frage ich den Jüngsten. »Hast du dir auch schon überlegt, wie du gerne deine Haare haben möchtest?«

»Oh, ja«, sagt er, stellt sich vor den Spiegel im Flur und zieht an einem kleinen Haarbüschel. »Die sollen länger sein.«

»Hm … da kann der Friseur leider nichts machen.«

Riesenenttäuschung in Bobs Gesicht.

»Wir werden schon die richtige Frisur für dich finden«, versichere ich ihm und rufe seine Brüder herbei. Alle Mann Schuhe an und los.

Wir haben Glück, denn bis auf eine ältere Kundin, die mit dem Kopf in einer der riesigen Trockenhauben eine Illustrierte durchblättert, ist der Laden leer. Die haben offenbar auf uns gewartet.

Es ist ein schönes Bild, als alle drei Jungs nebeneinander ihre Köpfe in die Waschbecken legen, um sich die Haare waschen zu lassen. Anschließend bekommt jeder von ihnen eine Apfelschorle und wird nach seinen individuellen Wünschen befragt. Justus zeigt ein Bild von Justin Bieber auf dem Smartphone, Peter die Sammelkarte mit dem Bild von Hakan Calhanoglu (er hatte sich doch noch schnell umentschieden) und Bob fragt doch mal nach, ob es wirklich stimmt, dass der Friseur ihm keine längeren Haare machen kann. Kann er leider nicht. Dann halt Spitzen schneiden. Eine halbe Stunde später verlasse ich den Salon mit drei sehr zufriedenen Jungs.

 ## *Vater und Sohn*

FACHKRÄFTE GEFRAGT

Mit drei Jungs gleichzeitig zum Friseur zu gehen, ist total easy. Jedenfalls, wenn man wie wir das Glück hat, dass gar drei Fachkräfte gleichzeitig Zeit haben. Einen Termin in einem großen Salon zu vereinbaren, ist da sicherlich kein Fehler. Wenn die Jungs hingegen nacheinander drankommen und warten müssen, sollten Sie lieber was zum (Vor-)Lesen für sie dabeihaben. Und bitte cool bleiben, wenn einer von ihnen aus Versehen die Apfelschorle umstößt. Die Böden in Friseursalons sind echt gut zu wischen.

JUNGS ZELTEN IM HEIMISCHEN GARTEN

Nach zähen Verhandlungen und einer finalen Abstimmung hat der Familienrat entschieden, dass wir (doch) noch ein (letztes?) Mal unseren Sommerurlaub in dem süßen kleinen Chalet in Burgund verbringen, das einer Reiterfreundin meiner Liebsten gehört und daher für uns erschwinglich ist. Erschwinglich, aber eigentlich, wenn wir ehrlich zueinander sind, auch ein bisschen zu klein für fünf Leute, von denen auch schon lange kein Einziger mehr ins Babyreisebett passt.

Doch meine Liebste findet die Lösung auf dem Speicher in Form eines alten Vier-Mann-Zeltes, mit dem sie früher mal auf Reisen gewesen ist. Auch ich hab schon mal gezeltet, vor ungefähr zweihundert Jahren und natürlich ohne Kinder. Aber die, also die Kinder, sind voll begeistert von der Aussicht, während des Urlaubs im Zelt auf der Wiese neben dem Chalet zu schlafen.

»Und wir hätten das Häuschen nachts für uns«, raunt mir die Liebste mit einem hintergründigen Augenaufschlag zu.

»Mein Rücken hat keinen Bock auf Isomatte«

»Aber wenn wir Angst kriegen, dürfen wir ja wohl reinkommen«, will Peter sicherstellen. »Oder?«

»Ja, natürlich«, sagen die Liebste und ich im Chor.

»Und was ist«, fragt Justus, »wenn wir im Urlaub merken, dass wir gar keine Lust haben, im Zelt zu schlafen?«

Gute Frage. Zwar war unser ältester Sohn schon im Pfingstlager und weiß, wie sich Nächte im Zelt anfühlen, aber seine Brüder wissen das noch nicht.

»Vielleicht probiert ihr es einfach mal aus«, schlägt meine Liebste vor.

»Am Wochenende, hier im Garten.«

»*Ihr*? Was heißt: *Ihr*? Warum machst *du* es nicht?«

»Weil mein Rücken keinen Bock auf Isomatte hat«, erwidert sie. »Außerdem *willst* du es doch.«

Stimmt, irgendwie hab ich wirklich Lust, das auszuprobieren. Es gibt nur einen Haken an der Sache, doch meine weise und verständnisvolle Frau hat es natürlich schon längst geschnallt.

»Ich bau gern das Zelt mit euch auf«, bietet sie an. »Ich weiß ja, dass du in diesen praktischen Dingen etwas hilfsbedürftig bist.«

»Na ja«, brumme ich. Sie hat zwar recht, aber wenn man es so gesagt kriegt, ist das trotzdem immer wieder ein Schlag in die Magengrube.

Der Mann und sein Hammer

Das Wochenende beginnt und das Wetter spielt mit. Also es spielt mit in dem Sinne, dass es seinen Beitrag leistet, die geplante Simulation eines Teilzeit-Zelturlaubs nicht durch übermäßig freundliche Temperaturen und Sonnenschein zu verfälschen.

Zwar zeigt sich das Wetter an diesem Freitagnachmittag noch freundlich und warm, aber für den späteren Abend sind Schauer angekündigt, vielleicht sogar ein kleines Gewitter.

Doch bevor ich mir darüber in Ruhe Gedanken machen kann, muss ja erst mal das Zelt aufgebaut werden. Ich trage diese ordentlich verpackte Wurst mit Henkel in den Garten hinaus und kann mir nur schwer vorstellen, dass wir darin später zu viert schlafen werden.

Der günstigste Platz ist unter einer alten Birke, wo sich der Sichtschutzzaun mit der Hecke trifft. Die Kinder schütteln die Tasche aus und ein Haufen an Planen, Schnüren und klimpernden, klappernden länglichen Säckchen plumpst heraus. Die Säckchen, so viel weiß ich immerhin, bergen Gestänge und Heringe. Aber wie man all diese Dinge sinnvoll zueinander in Bezug setzt, ist und bleibt mir schleierhaft.

Eine Anleitung findet sich natürlich nicht bei dem Wust. Die muss schon vor Jahren verloren gegangen sein.

Wir kämpfen uns also durchs Material. Bob hilft kräftig mit, indem er einfach schon mal ein paar Schnüre sinnlos miteinander verknotet (Gott sei Dank kann er noch keine richtigen Knoten machen, deshalb lässt sich das Knäuel später recht leicht wieder entwirren), während Justus sein Taschenmesser geholt hat und irgendetwas schnitzt. Denn Zelten und Schnitzen gehören zusammen, weiß er vom Pfingstlager. Zelten und Schnitzen und Feuermachen natürlich, deshalb streift Peter über die an unseren Garten angrenzende Brachfläche und sammelt trockenes Holz.

Und plötzlich, ohne dass ich recht begreife, wie es dazu kommt, richtet sich vor uns ein großes blaues Zelt mit zwei Kammern auf, in dessen Mitte man sogar stehen kann. Dass wir es geschafft haben, das Gestänge durch die tausend Ösen zu fummeln, ohne dass ich mir dabei ein Auge ausgestochen habe, grenzt an ein Wunder. Nun werden die eigentlichen Schlafkammern eingehängt und die Heringe in den Boden geklopft. Hier sind unsere Söhne sofort vollzählig zur Stelle und mit Inbrunst dabei. Kann irgendjemand erklären, was da eigentlich Sache ist zwischen einem Mann und seinem Hammer? Es geht jedenfalls ganz schön tief, glaube ich.

Bist du noch wach?

Schließlich aber steht das Zelt so fest, als könnte es sämtlichen Stürmen trotzen. Und die Jungs flitzen zurück ins Haus, um ihr Zeug zu holen. Schlafsäcke, Isomatten und Decken werden herbeigeschleppt, Kuscheltiere und CD-Player, Trinkflaschen, Keksdosen, Bilderbücher, Spielsachen aller Art, noch mehr Kuscheltiere … Irgendwann sind die Kammern aber voll. Ich muss darum kämpfen, dass ich noch ein bisschen Platz neben Bob abbekomme, während Justus und Peter ihrerseits harte Verhandlungen über den exakten Grenzverlauf zwischen ihren Schlafstätten führen.

Dann grillen wir, machen Stockbrot, schauen der Sonne beim Untergehen zu. Der Abendhimmel leuchtet rosa-blau; die Ankündigung von Schauern und Gewitter muss wohl ein Irrtum gewesen sein oder eine bewusste Prüfung für die Ernsthaftigkeit unserer Absichten, tatsächlich heute im Garten zu zelten.

Das Rosa schwindet, das Blau vertieft sich und plötzlich ruft Peter: »Ein Stern! Ich seh' den ersten Stern!«

»Das ist die Venus«, behaupte ich fachmännisch. Keine Ahnung, ob sie es wirklich ist. Jedenfalls der Abendstern halt.

»Da, noch einer! Und da! Jetzt kommen ganz viele!«

»Man kann schon den Großen Wagen erkennen.«

»He, was war das?«

»Eine Fledermaus.«

»Was? Iiiieh!«

»Papa, das war doch nur ein Witz, oder? In echt gibt es doch gar keine Fledermäuse, oder?«

»Oh doch, mein Sohn, natürlich. Schau, da drüben flattert sie. Und da kommt noch eine. Deckung, Kopf runter!«

Inbrünstiges Kreischen.

»Schon gut, Jungs, die tun doch gar nichts. Die fressen bloß Mücken auf und das ist doch prima. Dann haben wir morgen früh weniger Mückenstiche, die uns jucken.«

Das finden alle gut.

»Jetzt muss ich aber ins Bett«, verkündet die Liebste.

»Wir auch«, nicke ich.

Mit unseren Taschenlampen machen wir eine Karawane zum Haus. Zähneputzen und Umziehen klappt heute komischerweise wie von allein. Und niemand meckert, dass er noch fernsehen will. Vielleicht wird das Draußenschlafen ja zu einem Zukunftsmodell, mal sehen.

Ohne die Liebste zieht unsere Karawane zurück zum Zelt, wo sich die Jungs in ihre Schlafkammern verteilen und es sich gemütlich machen.

Einen letzten Blick werfe ich dem erleuchteten Schlafzimmerfenster zu, hinter dem meine Liebste jetzt liegt und in ihrem Krimi schmökert, bevor ich den Eingang des Überzelts mit dem Reißverschluss verschließe. Ich kuschle mich in meine Kammer neben Bob, lasse mir mit der Taschenlampe leuchten und lese noch zwei Geschichten vor. Dann machen wir das Licht aus und wollen eigentlich schlafen. Also jedenfalls *ich* will schlafen, ich bin hundemüde, doch die Jungs sind offenbar viel zu aufgeregt.

Wir singen noch ein paar Lieder, erzählen uns noch ein paar Witze, irgendwann ist Bob neben mir eingeschlafen.

»Papa?«, fragt Peter von nebenan.

»Jaha?«

»Bist du noch da?«

»Allerdings. Gute Nacht.«

»Gute Nacht.«

Die beiden brabbeln noch ein wenig vor sich hin, dann kehrt Ruhe ein. Ich höre die gleichmäßigen Atemgeräusche meiner Kinder und schließe dankbar die Augen, um nun auch endlich wegzudämmern. Doch das geschieht nicht. Ich bin hellwach. Jetzt, wo die Kinder fest schlafen, nehme ich erst all die rätselhaften Laute der Nacht um mich herum wahr. Das Zirpen würde noch als romantisch durchgehen. Doch da ist auch so ein Rascheln. Sind es die Blätter eines Astes, die der Wind ganz sacht über unser Zelt streichen lässt? Und woher kommt dieses Trippeln und Trappeln … nee, jetzt ist es weg. Doch, da ist es wieder. Verdammt, bin ich echt so ein Angsthase?

Und dann höre ich noch etwas anderes.

Plopp. Plopp. Ploppplopp. Plopp. Schwere Tropfen klatschen aufs Zelt. Plopp, plopp, prassel! Unvermittelt öffnet der Himmel alle Schleusen, ein Rauschen umfängt uns, ein gleißender Blitz zerfetzt die Dunkelheit. Donnergrollen rollt von fern heran. Und etwas Feuchtes kitzelt meinen kleinen Finger. Wasser dringt ein. Ich setze mich ruckartig auf. Was tun? Meine Jungs schlafen tief und fest. Ich taste in der Dunkelheit um mich herum, fühle Bobs Schlafsack. An der Außenseite ist er schon triefnass.

Draußen tanzt ein Lichtkegel auf uns zu. Es ist kein Blitz, sondern eine Taschenlampe. Meine Liebste kommt und gemeinsam evakuieren wir das Zelt. In höchster Eile schaffen wir all die Bücher, Kuscheltiere und Electronic Devices zurück ins Haus, bevor wir uns in dicke Handtücher und Bademäntel hüllen und mitten in der Nacht bei einem heißen Kakao langsam wieder warm werden.

Als wir bei strahlendem Sonnenschein frühstücken und zuschauen, wie Decken, Schlafsäcke und so weiter in der Sonne trocknen, befinden wir die Generalprobe für durchaus gelungen. Und in Burgund wird es diesmal eh nicht regnen.

 *Spaß und Spiel*

BALKON GEHT ABER AUCH

Im eigenen Garten zu zelten hat für Kinder immer einen besonderen Reiz, nicht nur als mögliche Generalprobe für den Urlaub. Die unmittelbare Begegnung mit der (nächtlichen) Natur ist eine bereichernde Erfahrung, zumindest, wenn man erstens nicht so schissig ist wie ich und zweitens das Zelt so gut abspannt, dass kein Regen eindringen kann. Wenn Sie keinen Garten haben, tut es auch die Übernachtung im Schlafsack auf dem Balkon. Wäre für mich vielleicht auch die bessere Wahl gewesen ...

JUNGS SPIELEN MIT DEM **FEUER**

Da das Zelt schon einmal aufgebaut ist, versuchen wir es in der folgenden Nacht gleich noch einmal. Zumindest laut Wetterbericht ist mit
weiterem Regen nicht zu rechnen und die Sonne trocknet unsere Klamotten erstaunlich rasch. Wir verbringen den Tag komplett im Freien
und schon bald rücken die Jungs mit Holz und Grillanzünder an.
Nun kennt man landläufig die Regel »Kein Bier vor vier«, aber zum
Feuermachen ist es vermutlich nie zu früh.

Feuermachen ist kein Jungsprivileg

Die Faszination des Feuers ist jahrtausendealt. Indem unsere prähisto-
rischen Vorfahren lernten, mit Feuer umzugehen und selbst welches
zu entzünden, brachten sie die menschliche Evolution einen großen
Schritt voran. In allen Kulturen ist Feuer nicht nur von praktischem
Nutzen, sondern auch symbolisch aufgeladen: Als eines der *Vier Ele-
mente* antiker und mittelalterlicher Denkweisen, als Modus der Got-
tesbegegnung in vielen Religionen, als Aspekt der Reinigung oder
Wandlung – und natürlich auch als Gefahr und Bedrohung.
Wenn Kinder im wahrsten Sinne des Wortes *mit dem Feuer spielen*,
fließen all diese archaischen Aspekte dabei mit ein. Deshalb begnügen
sich meine Jungs auch nicht damit, einfach ein paar Holzscheite in unserer Feuerschale zu entzünden, um sich dann friedlich davor nieder-
zulassen und versonnen in die Flammen zu schauen. Schon das Auf-
schichten und Anordnen des Materials begehen sie mit größtem Ernst
und die Frage, wer diesmal anzünden darf, erfordert langwierige Aus-
handlungsprozesse. Brennt es dann einmal, fuchteln sie mit irgendwelchen Stöcken unentwegt darin herum. Sie halten die Stöcke in die
Glut, bis sie anbrennen und rennen dann damit durch die Gegend. Ich
lasse sie zwar gewähren, aber nicht aus dem Auge.

Hantieren Mädchen eigentlich auch so gerne mit Feuer? Vermutlich schon. Falls nicht, sollten sie es ausprobieren, denn es macht ganz schön viel Spaß. Wenn in meinem Bekanntenkreis irgendwo ein Grill angeworfen oder ein Lagerfeuer entzündet wird, ist das offenbar ausschließlich Männersache. Nur bei uns nicht. Weil ich, Ihnen kann ich es ja sagen, wie bei den meisten praktischen Dingen eben auch beim Grillen und Feuermachen ziemlich unbegabt bin. Daher finde ich gut, dass unsere Jungs beides lernen, wie sie mit Feuer umgehen und dass es eben kein Jungsprivileg ist. Im Gegenteil – während früher die Jungs das Mammut erlegt haben, waren es die Frauen, die das Feuer versorgten. Die Mammuts gibt es leider nicht mehr. Feuer schon. Was lernen wir daraus? Ach, keine Ahnung, aber es ist eine nette Schlussbetrachtung dieser Geschichte.

 *Spaß und Spiel*

STINKEN GEHÖRT DAZU

Der Umgang mit Feuer kann für Kinder in verschiedener Hinsicht ein Gewinn sein. Zum einen lernen sie den Umgang mit einem durchaus riskanten Phänomen – zum Beispiel, dass sich Flammen im Zweifelsfall besser ersticken als mit Wasser löschen lassen. Der Umgang mit offenem Feuer schärft aber auch die Sinne, schult die Verantwortung und Achtsamkeit für sich und andere. Und ist zudem einfach eine ganz unmittelbare sinnlich-elementare Erfahrung, der zum Beispiel Stadtkinder in ihrem praktischen Alltag nirgends mehr begegnen. Dass hinterher die Klamotten komplett stinken, gehört wohl einfach auch dazu.

JUNGS MACHEN DAS GESCHÄFT
IHRES LEBENS

Der Spätsommer ist bei uns traditionell die Zeit der leeren Kassen. Für
einen Jugendbuchautor gibt es während der Sommermonate kaum
Einladungen zu Lesereisen oder Workshops, die nächste Tantiemen-
auszahlung steht erst Anfang Oktober an. Gut, dass meine Liebste im
Unterschied zu mir einen *richtigen Beruf* hat und das Überleben der
Familie sichert.

Auch in den Sparschweinen der Kinder herrscht absolute Ebbe. Das
gesamte Urlaubsgeld, das die Jungs regelmäßig von ihren Großeltern
erhalten, wurde erfolgreich verprasst und bis Weihnachten ist es noch
eine Ewigkeit. Wer jetzt irgendwelche Wünsche hegt, braucht etwas
Fantasie. Zum Beispiel Peter, der sich pünktlich zum Saisonauftakt
gern das neue Heimtrikot unserer Werkself zulegen würde (schlappe
sechzig Euro ohne Beflockung!). Oder Justus, den es dringlich nach
neuen Wii-Spielen verlangt, wobei er allerdings sein Sparbuch nicht
antasten möchte (wir sprachen darüber). Natürlich hat auch Bob so
seine Wünsche: Für die Holzeisenbahn braucht es zwingend noch einen Tunnel. »Sonst ist die ganze Eisenbahn nur blöd.«

»Papa, weißt du noch«, beginnt Peter, »als wir überlegt haben, dass ich
immer das Altglas wegbringen soll?«

»Nur zu gut«, nicke ich.

»Das wollte ich ja damals nicht. Aber wenn ich es nun doch machen
würde, also zusätzlich – was würdest du mir dafür bezahlen?«

»Also das wäre mir locker zwei Euro wert«, sage ich ohne Zögern.

»Super, dann geh ich gleich los.« Er will schon seine Schuhe anziehen.
Dann hält er inne und fragt: »Wie oft muss ich gehen, bis ich sechzig
Euro habe?«

»Das kannst du schon selber ausrechnen«, behaupte ich. Obwohl ich
das gar nicht genau weiß. (Da er die Hausaufgaben nach dem Mittag-

essen in der Schule erledigt, bin ich nicht immer so up to date, was den Lernstoff betrifft.)

»Dreißig Mal«, sagt er, »richtig? Und kann ich bis – sagen wir mal – nächstes Wochenende dreißig Mal das Altglas wegbringen?«

»Ich fürchte, so viel Wein, Senf und Marmelade können nicht einmal wir fünf innerhalb weniger Tage konsumieren.«

»Ach, dann bringt das ja nichts«, winkt Peter ab.

Wo kriegen wir die Flöhe her?

Da kommt Justus auf eine Idee.

»Wie wäre es, wenn wir einen Flohmarkt veranstalten?«, schlägt er vor.

»Du willst Flöhe verkaufen?«, wundert sich Peter. »Ist das nicht eklig? Wer kauft denn so was? Und wo kriegst du sie überhaupt her?«

»Die können wir einfangen«, weiß Bob. »Da gibt es doch diesen Becher mit der Lupe obendrauf, wo Papa und ich mal die Ameisen und Grashüpfer untersucht haben. Damit können wir sicher auch Flöhe fangen. Papa – gibt es denn überhaupt Flöhe in unserem Garten?«

»Ich hoffe nicht«, sage ich.

Mein ältester Sohn rollt mit den Augen, dann erklärt er seinen Brüdern geduldig, was es mit einem Flohmarkt auf sich hat.

»Und dann legen wir einfach vor dem Haus eine große Decke auf den Bürgersteig und präsentieren darauf all die Spielsachen, die wir nicht mehr brauchen«, resümiert er, »und die ganzen Leute kaufen das dann und schwups, sind wir reich.«

»Nur mit dem kleinen Haken«, wende ich ein, »dass unsere Straße eine Sackgasse ist und hier bloß eine Handvoll Leute vorbeikommt.«

»Dann gehen wir halt auf einen richtigen Flohmarkt«, sagt Justus. »Da waren wir doch schon mal, Papa, weißt du noch?«

Allerdings weiß ich das noch. Und ich hasse es. Dieses Gewimmel und Gewusel und Geschubse, dieses Gefeilsche und Gesammle von vollkommen unnötigem Zeug. Eine Horrorvorstellung, dort einen ganzen Tag zu verbringen.

Doch Justus befragt schon sein Handy nach Standorten und Terminen in unserer Nähe.

»Papa?«

»Jaha?«

»Papa, was ist denn eine Standgebühr? Und … was zur Hölle ist ein Laufender Meter?«

Ich sehe schon, die Sache wird konkret. Hier gibt es wohl kein Zurück mehr. Ich nehme sein Handy und überfliege die Preisliste. Tatsächlich existiert eine eigene Kategorie: »Kinder bis 12 Jahre, Decke zwei mal zwei Meter«.

»Das hier ist unsere Baustelle«, sage ich. »Kostet nur fünf Euro. Ach so … plus Grundgebühr, Reinigungspauschale … insgesamt dreißig. Also das heißt, ihr müsstet erst mal dreißig Euro einnehmen, bevor ihr überhaupt Gewinn macht.«

»Kein Problem«, behauptet Justus.

»Oder«, sagt Peter, »du verkaufst auch was. Dann teilen wir uns die Gebühr.«

Klar, ich könnte ein paar Bücher verkaufen. Und dann die Standgebühr als Betriebsausgabe ansetzen. Mein Steuerberater hat ja sonst nicht so viel zum Lachen.

Schließlich packt micht das Fieber

Szenenwechsel. Ein sonnenfrischer Septembersonntagmorgen. Wir haben kleine Atemwölkchen vor den Mündern, als wir inmitten einer geschäftigen Menschenmenge unsere Decke auf einem großen Baumarktparkplatz ausbreiten. Es ist sieben Uhr früh und um uns herum werden Tapeziertische ausgeklappt, Garderobenstangen voller Kleidung herbeigerollt, Pavillons hochgezogen, Kitsch und Nippes, Werkzeug, Geschirr, Spielsachen, Kartons voll alter DVDs und Tonnen von Büchern aufgereiht. Bücher? Na, da muss ich aber gleich mal rübergehen und ein bisschen stöbern …

Meine Jungs haben Unmengen an Lego und Playmobil, Autos und Gesellschaftsspielen aussortiert, Murmeln und Sammelkarten, Stofftiere und Holzschwerter, CDs und Kassetten (ja, richtig, diese Dinger mit den zwei Löchern, wo man früher immer mit dem Bleistift drin fummeln musste). Bob möchte zudem noch seine alten Schnuller versilbern. Ich bin mal gespannt.

Ich selber habe darauf verzichtet, geschäftsmäßig tätig zu werden. Ich beschränke mich auf die Beaufsichtigung der Abläufe. Und die Begleichung der Gebühren, denn letztlich habe ich mich breitschlagen lassen, die Kosten allein zu tragen. Meine Liebste war der Ansicht, es sei motivierender für die Kids, wenn sie ihren Erlös eins zu eins behalten könnten. Ich finde es gar nicht so erstrebenswert, dass das hier ein motivierendes Erlebnis für meine Jungs werden soll …

Doch als der erste potenzielle Kunde vor unserer Decke steht und auf unsere ausgebreiteten Schätze herabblickt, packt mich plötzlich doch so ein gewisses Fieber.

»Papa, du versaust mir das Geschäft!«

Der potenzielle Kunde ist ein pickliger Junge, der fachmännisch das prallgefüllte Star-Wars-Sammelalbum durchblättert.

»Da sind aber nicht alle 101-Karten dabei«, meint er. »Was willst du dafür haben?«

»Zweihundert Euro«, sagt Justus aus voller Überzeugung.

Ein Lachanfall schüttelt den untersetzten Körper des Jungen. Okay, mein Sohn hat hochgerechnet, was ihn der Kauf all dieser Karten gekostet hat. Aber die Bedeutung von Begriffen wie *Secondhand* und *Gebrauchtwaren* haben sich ihm noch nicht ganz erschlossen.

»Ich geb' dir zehn Euro«, sagt der Junge.

»Okay«, nickt Justus.

»Wahas?«, gehe ich dazwischen.

Ich verstehe schon, zehn Euro bar auf die Hand sind eine Menge Geld für einen Elfjährigen. Aber das scheint mir dann doch unter Wert zu sein.

»Nee, fünfzig mindestens«, korrigiert sich mein Sohn.

Die beiden feilschen noch eine Weile hin und her, dann trollt sich der Junge.

»Ich überleg's mir. Vielleicht komm ich später wieder.«

»Na, toll, Papa, jetzt hast du mir das Geschäft versaut.«

»Sorry, aber ich … nee. Ehrlich gesagt, hab ich echt gar keine Ahnung von so was.«

Ich beschließe, mich ab jetzt wirklich völlig herauszuhalten. Das klappt aber nur für eine Minute, denn nun nimmt Peter das Album in die Hand und meint: »Du könntest es doch an mich verkaufen. Ich geb' dir zwanzig.«

»Du hast doch selber noch nichts verkauft«, mische ich mich ein, »woher willst du zwanzig Euro nehmen?«

»Oder wir tauschen«, sagt Peter. »Ich geb' dir das Feuerwehrauto hier und den alten Tennisschläger.«

»Stopp mal«, sage ich. »Wenn ihr tauschen wollt, dann hätten wir heute ausschlafen können und ihr könntet das in Ruhe zu Hause klären.«

»Die ist unverkäuflich!«

Bevor die Jungs etwas erwidern können, steht der nächste Kunde vor unserer Decke. Er hat einen dichten Bart und etwa mein Alter und greift nach einer Kassette.

»Die Drei ??? und der lachende Schatten«, stammelt er mit verklärtem Blick. »Genau die fehlt mir.«

Glitzern da etwa Tränen in seinen Augen? Sie gehörte einst mir, Peter hat sie von mir geerbt. Eigentlich steht er gar nicht so auf *Die Drei ???*, doch in dem verzückten Blick des Mannes erkennt er plötzlich den Wert der Sache.

»Die ist unverkäuflich«, sagt er und nimmt sie dem Mann aus der Hand, der sich traurig abwendet und seiner Wege geht.

»Die will ich selber noch mal hören«, erklärt er mir und steckt sie zurück in unseren Karton.

Doch im Laufe des Tages wird doch noch das eine oder andere Geschäft abgeschlossen. Leicht wehmütig sehe ich das alte Bobby Car um eine Ecke biegen, während Bob andächtig in der Betrachtung des druckfrischen Zehn-Euro-Scheins versinkt. Auch Justus und Peter machen allmählich Kasse. Das Geschäft kommt ins Rollen. Doch irgendwann ist es den Jungs auf unserer Decke zu langweilig. Sie klauben ihre Einnahmen zusammen und schwärmen aus über den Platz. Außer Bob, der nun mit wichtiger Miene die Vertretung übernimmt. Am Ende des Tages bleiben genau zwanzig Cent Gewinn. Und wir laden genauso viel Krempel ins Auto, wie wir morgens ausgeladen hatten. Nur anderen halt. Das nennt man wohl Wirtschaftskreislauf.

Alltag und Familienleben

KEIN PLAN VON BUSINESS

Vielleicht möchten Sie eines Tages Ihren Kindern den Sinn des Wirtschaftens vermitteln. Den Markt analysieren, einen Businessplan aufstellen, all das. Oder Sie gehen einfach auf den Flohmarkt. Da lernt man vor allem etwas über sich selbst. Kann ja auch hilfreich sein.

JUNGS KONFRONTIEREN UNS
MIT UNSEREN VÄTERN

»Papa«, fragt Justus irritiert, »wieso hast du in dem Film da so einen komischen Bart? Wer ist die fremde Frau? Und warum ist nur Bob zu sehen? Nicht aber Peter und ich? Und außerdem – warum hat der Film gar keinen Ton?«

»Weil ich das nicht bin. Jedenfalls nicht der Mann mit dem Bart. Ich bin der kleine Blonde da im Planschbecken, von dem du dachtest, es sei Bob. Der Mann mit dem Bart ist der Opa und die fremde Frau die Oma. Und zwar alles vor fast vierzig Jahren.«

Staunend verfolgen meine drei Söhne die stummen Bilder, die etwas zu schnell über den Bildschirm meines PCs huschen. Das ist ein alter Super-8-Film, den irgendwann in der zweiten Hälfte des vorigen Jahrhunderts ein Cousin meiner Mutter aufgenommen hatte. Mein Bruder und ich haben den Film kürzlich im Keller des besagten Cousins aufgestöbert und mit der Digitalkamera einfach von der Leinwand abgefilmt. In Kürze soll er wieder zur Aufführung gelangen, anlässlich der Geburtstagsparty meines Vaters, der nächsten Monat siebzig wird.

»Das kann doch gar nicht sein«, meint Peter. »Der Opa sieht wirklich haargenau so aus wie du. Also, bis auf diesen Bart natürlich. Und du hast als Kind echt genauso ausgesehen wie Bob.«

»Wow, der war ja Soldat!«

Ja, tatsächlich. Die Ähnlichkeit ist beinahe beängstigend. Die zwischen meinem jüngsten Sohn und mir; und mehr noch die zwischen mir und meinem Vater. Natürlich kenne ich unzählige Familienfotos aus meiner eigenen Kinderzeit. Aber diese bewegten Bilder habe ich noch nie gesehen.

»Wollt ihr noch mehr?«, frage ich die Jungs.

Auf dem PC habe ich unzählige Fotos abgespeichert, eingescannte Dias aus unseren Familienurlauben in den Achtzigern, zerknitterte Schwarz-Weiß-Bilder mit gezackter Umrandung aus den Vierzigerjahren, gelbstichige Aufnahmen, die laut der Beschriftung in Sütterlin auf der Rückseite den frühen Zwanzigerjahren zuzuordnen sind. Meine Söhne können sich nicht sattsehen an der Galerie ihrer Ahnen.

»Das ist eure Ururoma«, sage ich. »Und hier, mein Opa, euer Uropa.«

»Wow, der war ja Soldat«, sagt Peter anerkennend.

»War der etwa ein Nazi?«, fragt Justus empört. Er meint die Wehrmachtsuniform, die er vermutlich eher aus einem Computerspiel kennt denn aus dem Geschichtsunterricht.

»Natürlich nicht«, sage ich eine Spur zu schnell. Ehrlich gesagt habe ich keinen Schimmer. Denn obwohl ich den Vater meines Vaters lange gekannt und ihn oft gefragt habe, wie es denn damals gewesen sei, habe ich nie viel über ihn erfahren. Eigentlich gar nichts. Angeblich war er in Stalingrad.

Wie er da aus seiner Uniform heraus in die Kamera blickt, ein Lächeln angedeutet, irgendwo zwischen selbstherrlich und verunsichert, kommt auch er mir wie ein Spiegelbild vor.

Ich schaue meine Söhne der Reihe nach an. Wie viel von mir ist in ihnen? Was von meinem Vater und was von meinem Großvater? Wie viel Generation X, Bildungsaufsteiger, Wirtschaftswunder tragen wir alle in uns? Und wie viel Stalingrad, wie viel Holocaust? Der Gedanke lässt mich einen Moment erschaudern.

»Papa, was ist los?«, fragt Bob.

»Ich musste gerade daran denken«, sage ich, »dass ich bestimmt viele Sachen mache, die mein Vater auch schon so gemacht hat, auch wenn ich sie nicht gut finde.«

»Was denn?«, will Justus wissen.

»Schon als Kind wollte ich Schriftsteller werden«, erzähle ich. »Ich hab stundenlang ausgedachte Geschichten in Schulhefte geschrieben. Mein

Vater fand das manchmal doof, glaube ich. Er meinte, ich soll lieber für die Schule lernen. Und heute sage ich dieselben Sprüche zu euch. Wenn Justus zum Beispiel ständig an seinem Handy zockt.«

»Siehst du?«, frohlockt er. »Und heute bist du wirklich Schriftsteller und Opa ist stolz auf dich. Und ich werde später wirklich mal Spieleentwickler. Aber eins ist klar …« Er grinst mich an. »Ich werde ganz, ganz anders als du.«

»Nee«, grinse ich, »du kannst nicht entkommen.«

Plötzlich läuft Peter nach oben in sein Zimmer, kommt zurück und hält seinen USB-Stick in der Hand.

»Kannst du den Film mit dir und Opa da drauf speichern?«, bittet er. »Den zeig ich später meinen Enkeln, wenn du tot bist.«

»Wie nett«, sage ich ironisch, meine es aber eigentlich wirklich so.

Von Mann zu Mann

ACHTUNG: GEPÄCKKONTROLLE

Irgendwann wollen Kinder wissen, woher sie kommen. Nicht nur im Sinne sexueller Aufklärung, sondern im Sinne ihrer Ahnenreihe. Gemeinsam alte Fotos anzusehen kann da sehr aufschlussreich sein. Meist konfrontieren uns unsere Söhne dabei auch mit uns selbst, unserer eigenen Kindheit, unseren eigenen Vätern. Wir haben uns angepasst oder rebelliert, wir sind erwachsen geworden und schleppen doch immer noch ganz viel *Gepäck* aus unserer Herkunftsfamilie mit uns rum. Man muss sich dessen nicht entledigen, wenn man nicht möchte. Aber es ist erhellend, sich dieses Gepäck dann und wann anzuschauen und sich seiner bewusst zu werden.

JUNGS LERNEN DIE HOHE KUNST DES CHILLENS

»Papa, was machen wir heute?«, fragen die Jungs.

»Erst mal nichts.«

Fassungsloses Entsetzen auf kindlichen Gesichtern. Es ist Sonntag, die Liebste besucht eine Freundin und wir vier könnten einen gemütlichen Männertag verbringen.

»Schwimmen gehen«, schlägt Peter vor.

»Oder eine Burg besichtigen«, meint Justus.

»Tierpark!«, ruft Bob.

»Können wir alles machen«, nicke ich. »Jedenfalls eines davon. Aber nicht jetzt.«

Ich sehe auf die Uhr. Es ist nicht mal neun. Warum zur Hölle sind die eigentlich jetzt schon wach? Alle drei? Bob ist mit seinen vier Jahren naturgemäß Frühaufsteher. Aber Justus und Peter muss man an Wochentagen, wenn Schule ist, meistens mit roher Gewalt aus ihren Betten zerren.

»Sagen wir um elf«, brumme ich. »Bis dahin will ich ein bisschen Pause haben. Schließlich ist doch Sonntag.«

»Und was passiert um elf?«, fragt Peter.

»Na, da fahren wir in den Tierpark. Oder zum Schwimmbad. Oder zu einer Burg eurer Wahl. Ihr habt zwei Stunden Zeit, euch auf ein Ziel zu einigen.«

»Und falls es überraschenderweise weniger als zwei Stunden dauert, bis wir uns geeinigt haben«, fragt Justus herausfordernd, »was sollen wir dann bis elf Uhr machen? Fernseher glotzen?«

»Irrtum, mein Lieber. Falls ihr euch heute Abend noch euer Standardprogramm reinziehen wollt, ist bis dahin Fernsehpause.«

»Handy?«

»Nope.«

»Aber, aber … WAS SOLLEN WIR MACHEN?«

»Nichts. Einfach nur abhängen. Chillen.«

Heute ist Sonntag, nicht Soll-Tag

»Bitte?«, empört sich Justus.

»Chillen!«, ruft Bob. »Will ich auch. Was ist das überhaupt?«

»Und wie geht das?«, fragt Peter.

»So«, sage ich, lege die Füße aufs Sofa und verschränke die Arme hinter dem Kopf. Dann schaue ich einfach an die Decke und lasse meine Gedanken fließen. »Toll, oder?«

»Was soll daran toll sein?«, mault Justus.

»Ich höre immer *soll*«, sage ich. »Sollen wir dies, sollen wir jenes … Es ist Sonntag, nicht Soll-Tag. Ich hab keinen Bock auf *Sollen*. Versteht ihr das?«

»Nein!«, rufen sie alle zusammen. Ein schöner Dreiklang.

»Dann lernt es«, brumme ich.

Und dann schließe ich für drei Sekunden meine Augen. Da hebt in unserem Wohnzimmer ein entsetzliches Gezeter an, es scheppert und rumpelt und als ich die Augen wieder öffne, ist die Luft voll umherfliegender Gegenstände und Kinder.

»Justus hat mich geschubst!«

»Peter hat mich gekniffen!«

»Bob hat mich gebissen!«

»Weil du ihn geboxt hast!«

»Ja, aber weil du mich geboxt hast, hab ich ihn geboxt, damit er dich beißt!«

Ich schließe die Augen wieder und warte, bis sich die Turbulenzen von alleine legen. Ich höre in mich hinein und blende den Lärm aus, bis ich ihn nicht mehr wahrnehme. Vielleicht hat er aber auch nur aufgehört, keine Ahnung, ich schaue ja nicht hin.

Verdächtige Ruhe. Abermals öffne ich die Augen. Justus liegt bäuchlings auf dem Boden und blättert in einem Möbelhauskatalog. Peter malt die Kästchen eines Blattes Karopapier bunt aus wie ein Kunstwerk von Gerhard Richter. Bob hat Spielzeugautos aus seinem Zimmer geholt und baut mit meditativer Andacht einen mächtigen »Leverkusener-Autobahnbrücke-Stau« zwischen Wohnzimmer und Küche auf. Ich sehe auf die Uhr, rapple mich auf und verkünde: »Hey, Jungs, so langsam sollten wir mal überlegen, was wir jetzt machen wollen.«

»Nö«, meint Bob.

»Lass mir noch fünf Minuten«, sagt Peter.

»Ich hab mich gerade so schön entspannt«, brummt Justus. »Mach uns jetzt bloß keinen Stress, okay?«

Alltag und Familienleben

ZUM NICHTSTUN ÜBERWINDEN

Wie die Kinder sehr vieler Leute von heute sind auch die meinen beinahe rund um die Uhr beschäftigt. Kita, Ganztagsschule, Sportverein, Gitarrenkurs, Ministrantenstunde, da bleibt kaum unverplante Zeit übrig. Zeit zum Trödeln, zum Verplempern. Zum Abhängen eben. Uns Eltern geht es doch ebenso. Der Burnout wartet schon auf uns. Vielleicht haben wir gemeinsam mit unseren Kindern verlernt, wie das geht, einfach mal eine Stunde nichts zu tun. Jedenfalls nichts Konkretes, Produktives, Zielgerichtetes. Sondern einfach sinnfrei Zeit vergehen lassen. So paradox es klingt, brauchen wir manchmal Überwindung dazu, es zu tun. Oder besser noch: es einfach geschehen zu lassen. Dazu gehört auch, sich als Familie einfach mal einen Moment gegenseitig auszuhalten, bevor sich alles entspannt.

JUNGS MACHEN GANZ GROSSES KINO

In Kürze wird die Oma einen runden Geburtstag feiern. Und meine Liebste hat die zauberhafte Idee, dass wir als besonderes Geschenk mit den Jungs zusammen einen Film drehen. Nicht irgendein Glückwunschvideo, sondern einen *richtigen Spielfilm*, so mit Handlung und Kostümen und Pipapo. Auch dazu hatte meine Liebste sich schon was überlegt und das Ganze wäre bestimmt richtig gut geworden, hätte ich nicht das Verfassen des Drehbuchs an mich gerissen.

»Also, ich werde da mal eine Storyline aufsetzen«, verkünde ich großspurig, »die Dialoge können wir improvisieren.«

»Okay«, sagt sie. »Aber kümmere dich bitte rechtzeitig darum.«

Drei Halunken für eine Oma

Sie weiß schon, warum sie das sagt. Ich neige dazu, alles Mögliche *demnächst* oder *die Tage* zu erledigen. Mit dem Effekt, dass es am Ende meistens eng wird. Dafür habe ich hochfliegende Pläne. Mein Bruder besitzt ein gutes Videoschnittprogramm, wo man auch Musik einspielen kann und so weiter. Eine gute Kamera werden wir uns borgen. … Und so gehen die Tage ins Land.

»Machen wir heute den Film?«, fragt die Liebste irgendwann.

»Nee, ich hab doch noch nichts vorbereitet. Und wir haben ja auch bis übernächste Woche Zeit.«

Leider habe ich nicht bedacht, dass der heutige Samstag tatsächlich der letzte Tag für die nächsten zwei Wochen ist, an dem wir alle fünf beisammen sind, denn diverse Jobtermine, Klassenfahrten, Freundesübernachtungen stehen an. Wotzefackju. Machen wir es eben ohne Schneideprogramm und Soundtrack. Und mit der Handykamera. Das wird filmischer Purismus vom Feinsten, bei dem sogar die Dogma-95-Regisseure nicht mehr mithalten können.

Trotzdem – oder vielleicht deswegen – wird es für uns alle ein Riesenspaß. Wir drehen einen Western: *Drei Halunken für eine Oma*. Die drei Halunken verkleiden sich fantasievoll als Cowboys. (Einer hat ein Laserschwert, aber okay …) Sie reiten zur Farm ihrer Oma, weil es dort die besten Pfannkuchen des ganzen Westens gibt. Doch als sie ankommen, finden sie nur rauchende Trümmer vor. Die Oma wurde entführt, das Verbrechen trägt eindeutig die Handschrift des fiesen Schurken Mendoza, der schon lange hinter Omas Pfannkuchenrezept her ist. Eine wilde Jagd beginnt.

Es wird ein Dogma-Film

Da wir wie gesagt sehr puristisch vorgehen, schreibt Justus den Vorspann per Hand auf Zettel, die wir nacheinander vor die Kamera halten. Den letzten fackeln wir ab wie beim Beginn von *Bonanza*. Das wird ganz großes Kino! Leider ist das Feuerzeug im Bild zu sehen und als die Kamera auf die (auf Steckenpferden) über die Prärie reitenden Cowboys schwenkt (hatte ich erwähnt, dass an unseren Garten eine große Brachfläche angrenzt? Traumhafte Kulisse!), stolpert Bob und fällt der Länge nach hin.

Doch da wir nicht schneiden können, läuft die Handykamera einfach weiter, der Sturz wird ins Geschehen integriert. Als Soundtrack lassen wir dazu die Musik von *Zwei glorreiche Halunken* vom Ghettoblaster laufen, wo ich ganz schnell auf die Musik von *Spiel mir das Lied vom Tod* umswitchen muss, als die rauchenden Trümmer der Farm ins Bild kommen. Hierfür haben die Jungs eigens ein paar dicke Holzscheite abgeflämmt. Der Qualm zieht eindrucksvoll durchs Bild.

Auch die improvisierten Dialoge klappen prima:

»Du musst was sagen!«, zischt Peter seinem älteren Bruder zu.

»Nein, erst du«, zischt Justus zurück.

Doch nach rekordverdächtigen siebzehn Minuten ist tatsächlich die

Oma gerettet, der böse Mendoza besiegt und der Film im Kasten. Pfannkuchen für alle!

Natürlich wollen wir den Film sofort auf dem Handy anschauen. Na ja, sieht bescheiden aus. Auch nachher am Computer wird es nicht viel besser. Doch als wir ihn auf dem übergroßen Flatscreen-Fernseher schauen, ist er großartig. Die Weite der Prärie, diese Großeinstellungen – wie Clint Eastwood in *Techniscope*.

Auch die Oma ist schließlich gerührt und führt den Western ihrer ganzen Nachbarschaft vor. Jetzt schon ein Klassiker.

Seitdem wird bei uns gefilmt, was das Zeug hält. Peter zum Beispiel arbeitet inzwischen an seiner Trilogie eines Star Wars Spin-offs mit Legofiguren. Für den epischen Premierenabend werden wir sehr viel Zeit mitbringen müssen …

Spiel und Spaß

DAS UNGEWÖHNLICHE PASST AUF (K)EINE SPEICHERKARTE!

Als Kinder haben wir früher mit großer Leidenschaft Hörspiele aufgenommen. Heute rennt leider niemand mehr mit tragbarem Kassettenrekorder und Mikrofon durch den Wald. Dafür halt mit Handykameras. Doch der Fantasie tut es keinen Abbruch – im Gegenteil. Denn die Welt durchs Kameraauge zu betrachten und zu inszenieren, schärft den Blick fürs Ungewöhnliche. Ein kleiner Tipp am Rande, wenn Sie mit Ihren Kids eine Film-Aktion planen: An eine ausreichend große Speicherkarte denken!

JUNGS SUCHEN DEN **LIEBEN GOTT**

»Tut das nicht weh?«, fragt Bob.

»Was denn?«, frage ich.

»So Nägel«, sagt er und deutet auf ein Kruzifix. »Warum machen die das?«

»Nun ... das ist eine lange Geschichte, mein Sohn.«

Die Jungs und ich gehen durch den Kölner Dom und betrachten Fensterbilder, Heiligenstatuen und den goldglänzenden Dreikönigsschrein. Der beeindruckt meine Söhne sehr.

»Ist denn Jesus hier jetzt besonders nah?«, will Peter wissen.

»Ich würde sagen, er ist überall da besonders nah«, antworte ich salbungsvoll, »wo Menschen gut zueinander sind. Wo Menschen gegen Unrecht und Unterdrückung aufstehen und sich für eine bessere Welt einsetzen.«

Peter runzelt die Stirn und ich blinzle zur Kathedra hinüber, dem Sitzplatz des Erzbischofs.

Willkommen im christlichen Abendland

Religion spielt in unserer Familie eine wichtige Rolle; nicht nur, weil meine Liebste und ich uns in der Katholischen jungen Gemeinde kennengelernt haben. Nun ist es aber so, dass dieser Jugendverband ein sehr emanzipatorisches Verständnis von religiöser Bildung hat, weswegen wir in unserer Jugend auch immer wieder hart mit diversen Kirchenvertretern aneinandergeraten sind. Manchmal auch mit dem Mann, der lange auf diesem Bischofsstuhl gesessen hat, Kardinal Meisner. Das richtige Verhältnis von Glaube und Freiheit zu finden, ist für (religiöse) Erwachsene ebenso wichtig wie schwierig, für Kinder aber eigentlich noch kein Thema. Doch wo endet der naive Kinderglaube, wo beginnt die religiöse Autonomie?

Bob deutet auf eine Frauenfigur und fragt:»Wer ist das?«

»Maria«, sagt Justus sofort.

»Woran hast du das erkannt?«, frage ich anerkennend. Die Darstellung ist nicht so eindeutig.

»An dem blauen Mantel«, sagt er. »Maria hat immer was Blaues an.«

»Lernt man so was im Religionsunterricht?«, frage ich.

»Nee, im Kunstunterricht.«

Guter Punkt, denke ich. Auch wer nichts mit Religion zu tun hat, lebt doch im sogenannten *christlichen Abendland.* Gerade weil diese Kultur derzeit gern von völkisch verstrahlten Vollpfosten *verteidigt* wird, kann es nicht schaden, ein bisschen über die eigenen kulturellen Wurzeln zu wissen.

Apropos. Peter hängt noch immer an der Jesus-Frage.

»Der Devrim aus meiner Klasse glaubt gar nicht an den Jesus, nur an Allah«, sagt er. »Das ist dann doch falsch, oder?«

»Nein«, widerspreche ich. »Für den Devrim ist das genau so richtig, wie es für dich eben anders richtig ist.«

»Versteh ich nicht«, brummt Peter. »Und wer ist überhaupt Allah?«

Eigentlich viel gemütlicher als der Dom

Machen wir einen kurzen Handlungssprung. Denn praktischerweise ist ein paar Wochen nach dem Besuch im Kölner Dom mal wieder Tag der offenen Moschee. Eine gute Gelegenheit, etwas über diesen Allah herauszufinden.

Die Jungs und ich betreten mit einer Mischung aus Respekt und Neugier einen kleinen Kuppelbau. Das Erste, das wir sehen, ist eine lange Reihe von Schuhregalen. Dummerweise hat Bob sein allerliebstes Sockenpaar an. Es hat so viele Löcher wie ein Schweizer Käse. Sei's drum, ich kann mir nicht denken, dass Allah sich daran stören mag.

Wir steigen eine Treppe empor und betreten einen hellen runden Saal. Unsere Füße sinken tief in den weichen roten Teppich ein.

»Eigentlich viel gemütlicher als der Dom«, bemerkt Justus.

»Na ja, der ist halt gotisch«, murmle ich.

Peter entdeckt einen älteren Herrn, der einer Gruppe von Besuchern offenbar etwas erklärt. Wir treten hinzu und erfahren, dass er hier der Imam ist und gern alle Fragen beantwortet. Das trifft sich gut, denn Peter hat einen Haufen Fragen.

»Jesus spielt auch im Islam eine große Rolle«, erklärt ihm der Imam. »Für uns ist er zwar nicht der Sohn Gottes, aber ein wichtiger Prophet. Wir verehren Gott auf andere Weise als ihr. Und doch ist es derselbe Gott, denn das bedeutet das Wort Allah auf Deutsch.«

»Okay«, nickt Peter und überlegt kurz. Dann sagt er: »Ich bleibe aber lieber bei *meinem* Jesus.«

Ich atme auf. Ich habe nichts gegen den Islam, aber wenn einer meiner Söhne konvertieren würde, müsste ich einen Halal-Kochkurs machen und dafür habe ich gar keine Zeit. Obwohl es vielleicht gesünder wäre.

Werte und Gefühle

EIGENE UND FREMDE WURZELN

Kinder fragen nach Religion. Egal, ob Sie religiös sind oder nicht, ob Sie Ihre Kinder religiös erziehen wollen oder nicht: Haben Sie Antworten zur Hand! Die freie Auseinandersetzung mit Religionen ist die Reflexion eigener und auch fremder religiöser Wurzeln. Von dieser Art Reflexion haben wir gerade leider zu wenig im Lande. Aber unsere Kinder können es ja besser machen.

JUNGS GEHEN INS THEATER

»Ach, guck mal, Papa, der Grüffelo.«

Bob hat in der Post einen Flyer entdeckt, den eine Abbildung von Axel Schefflers gehörntem Monster ziert. Das neue Programm eines Kinder- und Jugendtheaters in der Region.

»Papa, können wir dort mal hingehen? Den Grüffelo angucken?«

Können wir. Bob hat mit seinen vier Jahren das ideale Alter für den ersten Theaterbesuch. Und seine Brüder beschließen sofort, mitzukommen.

Niemand muss vor allen Leuten auf die Bühne

Ich erinnere mich noch gut, als mein ältester Sohn Justus in diesem Alter war und zum ersten Mal ins Theater gehen sollte. Mein Bruder und seine Freundin hatten ihm die Karte zum Geburtstag geschenkt, doch als der Termin näher rückte, begann Justus sich aus unerfindlichen Gründen zu sträuben.

»Ich will nicht ins Theater!«

»Wieso denn nicht?«

»Will nicht.«

»Hast du Angst, wenn das Licht ausgeht? Brauchst du nicht, da sind ja ganz viele Leute.«

»Ja, *die Leute* machen mir ja gerade Angst. Ich hab Angst, dass es peinlich wird.«

Es brauchte eine Weile, bis ich sein Unbehagen begriff. Mein Sohn hatte schlicht nicht verstanden, dass er als einer unter vielen im Zuschauerraum sitzen würde. Er kannte Theater bislang nur aus dem Kindergarten und dort hieß das: Alle spielen mit. Und zusammen mit fremden Leuten wollte er nicht auf einer fremden Bühne stehen. Als uns endlich klar geworden war, wo das Missverständnis lag, und wir ihm versichern konnten, dass er auf keinen Fall auf die Bühne muss, ging er vergnügt hin und kam als begeisterter Theaterfan zurück. Ganz der einfühlsame große Bruder, der er (bisweilen) ist, will er unserem Bob nun ähnliche Ängste ersparen.

»Du musst nicht auf die Bühne«, erklärt er, »wir sitzen ganz gemütlich im Zuschauerraum.«

»Weiß ich doch«, antwortet Bob unwirsch.

Allein durch seine vielseitige Erfahrung mit dem Kasperle hält er sich schon für einen großen Theaterexperten.

Also gehen wir am folgenden Sonntag ins Theater. Jeder meiner Söhne trägt natürlich selbst seine Eintrittskarte und zeigt sie dem Kontrolleur am Einlass vor.

»He, der hat meine Karte kaputt gemacht«, beschwert sich Bob, nach dem der Kontrolleur sein Billet eingerissen hat.

»Das gehört so«, sagt Justus wissend.

Der Saal ist voll von einer unübersehbaren Schar von Kindern, die wild durcheinanderwimmeln, sich durch die Sitzreihen schieben, winken und rufen. Umso faszinierender wirkt die gespannte Stille, die sich nach dem dritten Gong unvermittelt über uns legt. Das Licht geht aus. Und die Maus taucht auf, um im Wald spazieren zu gehen.

Sie sieht natürlich weder aus wie eine Maus, noch sieht der Wald nach einem Wald aus und der Fuchs schon gar nicht wie ein Fuchs. Ich mache mich auf Enttäuschung bei Bob gefasst, doch der verfolgt gebannt das Spiel auf der Bühne. Und mit Recht, denn die Schauspielerin agiert derart gekonnt, dass man ihr die Maus wahrhaftig abnehmen möchte, ebenso dem Fuchs seinen Fuchs und alle weiteren Tiere, die derselbe Schauspieler nacheinander verkörpert. Ein zweiter Mann tritt schließlich in Gestalt des Grüffelo auf und schafft es, gleichzeitig furchteinflößend und leicht trottelig zu sein. Mit ihrer Präsenz und Schauspielkunst imaginieren die drei eine ganze Welt vor unseren Augen.

Ich staune darüber, wie es gelingt, ein Bilderbuch von wenigen Seiten als fesselndes Stück von sechzig Minuten auf die Bühne zu bringen. Und darüber, wie mein sonst so wilder jüngster Sohn sechzig Minuten auf seinem Platz sitzt, ohne seinen Blick vom Geschehen abzuwenden. Auch Justus und Peter, die sich eigentlich für diesen Stoff etwas zu alt fühlen müssten, genießen die Vorstellung.

»Papa, weißt du, was ich glaube?«, raunt Bob, nachdem er sich am Schluss die Hände wund geklatscht hat. »Ich glaube, das war gar nicht der echte Grüffelo, sondern nur ein Mann, der sich wie der Grüffelo verkleidet hat.«

»Ähm, stimmt«, nicke ich. »Ich dachte, du weißt das.«

»Egal«, sagt Bob, »können wir morgen wieder hingehen?«

 *Spaß und Spiel*

BESPRECHUNG BESSER VORHER

Gutes Theater, unabhängig vom konkreten Stoff, zieht seine Faszination aus der Unmittelbarkeit des Geschehens. Den Kindern, die von klein auf den Umgang mit bewegten Bildern gewohnt sind, kommt das Spiel auf der Bühne eigentümlich nahe. Und uns Erwachsenen geht es nicht anders. Nichts ist geschnitten, gemischt oder vorproduziert (meistens jedenfalls). Alles passiert jetzt gerade hier. Doch egal ob Theater, Kino oder Konzert – nehmen Sie sich die Zeit und besprechen Sie vorab mit den Kindern, was sie erwartet. Zum Beispiel, dass sie keine Angst zu haben brauchen, wenn das Licht ausgeht. Oder davor, dass sie auf die Bühne müssen. Und sagen Sie Ihnen vorher, dass die Figuren von Menschen gespielt werden.

JUNGS TAUSCHEN IHRE ZIMMER

»Hey, Peter«, ruft Justus, »hast du eine neue Yoda-Figur? Komisch, ich hab genau dieselbe.«

Es *ist* seine, das weiß er genau. Sein Bruder druckst herum.

»Warst du etwa wieder in meinem Zimmer?«, fragt Justus drohend.

»Ja, aber du warst auch in meinem«, bricht es aus Peter hervor.

»Aber nur, um meine Sachen wieder zu holen, die du mir gemopst hast«, kontert Justus. »Und außerdem ist dein Zimmer viel cooler als meines.« Blick zu mir. »Das ist voll unfair.«

»Stimmt nicht«, ruft Peter, »mein Zimmer ist uncool. Deines ist viel cooler. Und das ist wirklich unfair.«

Auch er sieht mich an. Dann wenden sich die beiden einander zu und mustern sich. In ihren Köpfen arbeitet es.

»Also *mein* Zimmer ist das coolste«, lässt uns Bob wissen, aber im Moment interessiert das niemanden.

Baumarktmitarbeiter machen keine Farbberatung

Seit sechs Jahren bewohnen wir jetzt zwei Etagen in diesem gemütlich knarzenden alten Haus. Nach sechs Jahren ist echt mal Veränderung dran. Justus hat es satt, immer unter einer Wandschräge zu schlafen. Peter hingegen beneidet ihn gerade darum.

»Moment mal«, warne ich. »Habt ihr euch das auch gut überlegt? Wenn ich erst angefangen habe, die Zimmer auszuräumen und die Wände zu streichen, dann gibt es kein Zurück mehr.«

Der Familienrat beschließt, die ganze Sache zu überschlafen. Am nächsten Morgen bleiben Justus und Peter bei ihrem Deal. Am übernächsten auch. Und am folgenden Nachmittag hole ich die Jungs von Schule und Kindergarten ab, damit wir uns meinem maximalen Horror in der Kategorie *Haus und Garten* widmen können – einem Besuch im Baumarkt. Justus und Peter dürfen sich je zwei Farben für ihr neues Zimmer aussuchen. Bob immerhin eine. Denn als er zu spüren begann, wie die Vorfreude auf den Zimmertausch bei seinen Brüdern kribbelt, bekam er auch Lust auf Veränderung. Zwar wird er sein Zimmer behalten, aber einen Farbwechsel an einer Wand sollten wir hinkriegen.

Nun stehen wir zwischen einschüchternd hohen Regalen, auf denen sich Farbeimer aller erdenklichen Größen und geheimnisvoller Inhalte türmen. Auf einigen Tafeln kann man sich anschauen, wie die Farben dann als Anstrich *in echt* aussehen. Nämlich ganz anders als im Internet oder im Katalog.

»Puh«, macht Justus, »das Schwarz ist wirklich ganz schön dunkel.«

»Hm, ja«, mache ich. »Vielleicht doch ein frisches Grün?«

»Und dazu Blau«, sagt er.

»Ob das wohl zusammenpasst?«, frage ich. »Wir könnten uns ja beraten lassen.«

Oh, welch Irrtum. Nach mehrstündiger Suche treiben wir einen griesgrämigen Mitarbeiter auf.

»Was würden Sie sagen, mit welchem Blau man am ehesten dieses Lindgrün hier kombinieren kann?«

Er schenkt mir einen mitleidigen Blick. Genauso gut hätte ich ihn nach einer bestimmten Adresse in Ulan Bator fragen können. Ich zeige auf die Tafeln mit den Probeanstrichen.

»Können Sie die herunternehmen? Dann könnten wir die mal nebeneinanderhalten.«

»Nee, tut mir leid«, nuschelt er und reicht mir stattdessen einen winzigen Farbfächer.

»Ja … gut«, gebe ich zurück. »Das kann man auffächern, aber nicht nebeneinanderhalten.«

Er gibt mir einen zweiten, dann trollt er sich.

Schließlich haben wir fünf Farbeimer in unseren Einkaufswagen geladen, besorgen noch Malerfolie und so weiter, dann bleiben wir an einem Regal hängen, auf dem Wandtattoos feilgeboten werden. Ich dachte, wir wären mit dem Einkauf durch, dabei beginnt er jetzt erst richtig.

Da gibt es verschnörkelte Tribals, lustige Sprüche, Katzentatzen, Sonne, Mond und Sterne und sehr viel anderes. Okay, beschließe ich, jeder darf sich eines aussuchen. Bob entscheidet sich für die Katzentatzen, Justus für eine stilisierte Skyline unserer Stadt. Nur Peter wird nicht fündig.

»Gibt es keines mit meinem Namen?«, fragt er. »Ich hätte so gern meinen Namen groß über dem Bett stehen.«

»Kannst du doch einfach mit dem Pinsel dranpinseln«, rät Justus.

Er muss es wissen, denn in seinem künftigen Exzimmer hat er seinen eigenen Namen übers Bett gepinselt, wobei natürlich die Farbe wunderschön zerflossen ist, was der Wand ein bisschen was vom Look der Hausbesetzerszene verleiht. (Jedenfalls stelle ich mir das so vor.)

»Oder«, sage ich, »wir schreiben deinen Namen auf eine große Pappe, schneiden die Buchstaben heraus und haben eine schöne Schablone.«

Peter nickt. Ich werde diesen Satz bereuen.

Kein Umzug, sondern
eine Metamorphose

Am nächsten Wochenende räumen wir Peters Zimmer leer und streichen. Lindgrün und ozeanblau. Meine Liebste hatte die Idee, die Wände jeweils nur bis zur halben Höhe zu streichen. Das sieht am Ende wirklich stylisch aus. Dann schleppen wir Bett, Schrank, Schreibtisch herüber. Der Sohn darf sich außerdem einen neuen Teppich aussuchen, einen Schreibtischstuhl und eine neue Lampe. Außerdem hat er sich ein ausrangiertes Sofa und einen kleinen Couchtisch besorgt. Bei-

des arrangiert er zusammen mit seinem Sitzsack geschickt zu einer
einladenden Gästeecke.

Das war nicht nur ein Umzug, stelle ich plötzlich fest. Das war eine
Metamorphose. Justus hat gar kein Kinderzimmer mehr. Das hier ist
der Raum eines Jungen, der demnächst ein Teenager werden wird. Der
hier mit seinen Freunden abhängt und vielleicht eines Tages auf diesem Sofa mit seiner Freundin ... Lassen wir das, das geht mich gar
nichts an.

Anschließend ist Justus' altes Zimmer dran, wo dann Peter einziehen
wird. Den hausbesetzerszenemäßigen Namenszug über dem Bett müssen wir leider dreimal überstreichen, bevor die Farbe deckt. Hier kombinieren wir ein sattes Rot mit Honiggelb, was am Ende ein bisschen
schwülstig aussieht, aber auch gemütlich ist. Dieser Rückzugsort unter
der Dachschräge hat etwas von einer Räuberhöhle bekommen. Das
unterstreicht auch der dicke schwarze Teppich, den Peter sich im Mö-
belhaus aussuchen durfte.

Jetzt erst wird deutlich, wie sehr die beiden aus ihren bisherigen Zimmern längst herausgewachsen waren. Die haben schon lange nicht
mehr gepasst, es war mir bloß nie aufgefallen. So, wie es nun bei den
beiden aussieht, spiegeln sich tatsächlich Stil, Geschmack und Persönlichkeit der Jungs in ihren neugestalteten Räumen. Bob hätte Grund
zum Neid, aber für ihn steht die Metamorphose halt noch nicht an.
Ihn machen die Tattoos aus Katzentatzen hinreichend glücklich. Und
ehrlich gesagt: Diese Dinger einzeln von der Folie abzufummeln und
in Form einer schönen Tatzenspur einmal quer über die ganze breite
Wand zu kleben, macht auch genug Arbeit. Fehlt nur noch der Schrift-
zug über Peters Bett. Dummerweise hatte ich nicht bedacht, dass man
nicht einfach die Rundungen der Buchstaben P und e ausschneiden
kann, weil die Innenräume ja ebenfalls ausgespart werden müssen.
Um diese Schablone zu basteln, hätte ich gut ein weiteres Wochenende
brauchen können. Aber am Ende kriegen wir es hin.

 *Alltag und Familienleben*

KINDER BRAUCHEN FREIRÄUME

Kinder brauchen Rückzugsmöglichkeiten und im doppelten Sinne des Wortes Freiräume für sich. Dazu gehört, dass sie möglichst viel selber mitgestalten und -entscheiden dürfen. Dafür fühlen sie sich hinterher auch eher verantwortlich für ihr Zimmer. Behaupte ich jetzt einfach mal, empirisch überprüft ist es noch nicht. Ebenso wenig wie die These, dass Jungs-Zimmer oft schlichter und liebloser eingerichtet sind als Mädchen-Zimmer. Aber selbst, wenn es stimmt – mit Ihrer Hilfe können Ihre Söhne das ja ändern.

»Na, wie habt ihr in euren neuen Zimmern geschlafen?«, frage ich am nächsten Morgen.

Die beiden sehen sich verschwörerisch an.

Schließlich sagt Justus: »Wir finden den Tausch doch nicht so gut. Können wir unsere alten Zimmer zurückhaben?«

Für eine Millisekunde bin ich dem Zusammenbruch nahe. Dann prusten die Beiden los. Ich muss mitlachen, meine Liebste auch. Nur Bob lacht nicht. Er sieht mich ernst an und sagt: »Papa, ich hab's mir überlegt: Ich möchte auch ein neues Zimmer. Kann ich nicht mit deinem Arbeitszimmer tauschen?«

JUNGS SCHMÜCKEN DEN WEIHNACHTSBAUM

Und plötzlich ist schon wieder ein Jahr vorüber, Weihnachten steht vor der Tür. Kauf und Schmücken des Weihnachtsbaumes ist bei uns traditionell Männersache. So fahren wir jedes Jahr zu den Pfadfindern, ich plaudere ein wenig bei Glühwein, während meine Jungs den Baum aussuchen. Eine schöne Tradition. Baum einladen, heimbringen, fertig. So weit läuft alles wie immer. Doch schon beim Ausladen werden unsere ehernen Bräuche plötzlich infrage gestellt.

»Warum kommt der eigentlich erst in die Garage und nicht gleich ins Wohnzimmer?«, will Peter wissen.

»Weil wir den erst an Heiligabend aufstellen«, sage ich.

»Und warum das?«, hakt Justus nach.

»Keine Ahnung. Tradition halt. Also *mir* gefällt es so.«

»Mir nicht«, sagt Peter. Seine Brüder nicken.

»Der duftet so schön«, bekräftigt Bob.

»Wenn ihr unbedingt wollt«, sage ich, »meinetwegen.«

Wir tragen den Baum ins Haus und stellen ihn im Wohnzimmer auf.

»Hübsch«, meint Justus. »Aber ein bisschen kahl, so ohne Schmuck.«

»Moooment«, sage ich. »Geschmückt wird erst an Heiligabend.«

»Ach, und warum? Auch Tradition?«

»Exakt, Peter. Weihnachten ist halt erst in einer Woche.«

»Blöde Trazion«, meint Bob. »Was ist überhaupt eine Trazion?«

»Das ist«, sagt Justus, »wenn alte Leute immer alles gleich machen, ohne Grund. Nur, weil es früher auch schon so war.«

»Das stimmt doch gar nicht!«, empöre ich mich. »Traditionen haben sehr wohl einen Grund. Und gute Traditionen sind lebendig, nicht starr; sie entwickeln sich weiter und … Mist.« Verplappert.

»Dann ist doch alles okay«, stellt mein ältester Sohn fest. »Dieses Jahr entwickeln wir die Baum-Schmück-Tradition weiter. Ich hole schon mal die Kiste mit dem Christbaumschmuck vom Speicher.«

»Und ich den Schmuck, den ich in der Schule gebastelt habe«, sagt Peter voller Eifer.

»Ich hole auch irgendwas«, ruft Bob beflissen.

Die drei schwärmen aus.

Kurz darauf kommt Justus mit der besagten Kiste vom Dachboden herunter. Peter präsentiert gefaltete Sterne und Figuren aus Salzteig. Bob kommt die Treppe herunter und trägt schwer an einem Beutel voller Spielzeug.

»Oh«, sage ich, »da haben wir uns missverstanden, fürchte ich. In den Baum kommt ja kein Spielzeug.«

»Warum nicht?«

»Na, da hängen wir Kugeln auf und so.«

»Und so«, wiederholt Justus. »Warum kann nicht jeder das reinhängen, was er schön findet? Und sag nicht, Tradition.«

Nee, sage ich nicht. Denn Tradition ist vielfältig, hab ich mal gelesen. Früher wurden Christbäume vor allem mit Äpfeln und Backwaren geschmückt, später auch mit Süßigkeiten und Nüssen, manche mit Rauschgold verziert. Kugeln, Lametta und so weiter kamen erst sehr viel später auf.

 ## *Spaß und Spiel*

UNKONVENTIONELL KREATIV

Wenn Sie bis hierher gelesen haben, wissen Sie schon, wie sehr ich mich über Kreativität bei Kindern freue. Man spricht das den Jungs ja häufig eher ab. Wobei Jungs alles andere als unkreativ sind. Höchstens unkonventionell. Probieren Sie es aus.

Dann begründen wir hier und heute eben eine neue Tradition, denke ich und hole eine Rolle Garn. Davon schneide ich etliche Fäden ab, die wir dann mit Schleifchen an kleine Spielzeugautos, Plastiktiere und Legofiguren knoten. Die Schleifchen dienen zum Aufhängen an den Ästen des Baumes.

Peter steuert noch ein paar Fußballkarten bei und Justus ein paar Loom-Bänder, die er mal geflochten hat.

Ich hänge natürlich trotzdem die traditionellen Christbaumkugeln in den Baum. Schließlich betrachten wir unser Werk. Es sieht weniger hässlich aus, als ich gedacht hätte. Es könnte der bunteste Weihnachtsbaum sein, der jemals irgendwo geschmückt worden ist. Auf jeden Fall ist es der persönlichste. Und das kann ja nicht schlecht sein. Gerade an Weihnachten.

JUNGS WERDEN **EIN BUCH**

»Aber wenn das Buch verfilmt wird, soll mich der eine Typ spielen, der bei den Wilden Kerlen den Leo spielt«, fordert Peter.

»Unsinn«, meint Justus, »wir spielen uns natürlich selber.«

»Das Buch wird nicht verfilmt«, mische ich mich ein.

»Können wir in dem Buch einen Hund haben?«, fragt Bob.

»Auf keinen Fall. Sonst komm ich aus der Nummer nicht mehr heraus und wir müssen euch eines Tages wirklich einen kaufen.«

»Aber Papa«, bittet Peter, »du darfst auf keinen Fall in das Buch schreiben, wie ich einmal XXXXXXXXXXX, okay?«

»Versprochen«, nicke ich. »Übrigens wollte ich nicht eure echten Namen verwenden. Wer hat eine Idee?«

»Wie wär's mit den Drei ???«, schlägt Justus vor.

»Sehr gut«, lobe ich. »Prima, dann kann ich ja jetzt anfangen. Geht mal irgendwas spielen oder so, damit ich in Ruhe schreiben kann.«

Von Mann zu Mann

TIPP ZUM SCHLUSS

Vielleicht haben Sie nun selbst Lust bekommen, ein paar Vater-Sohn-Geschichten literarisch festzuhalten. Nur zu! Es beschert Ihnen ein paar Wochen Arbeit, während der Sie sich intensiv mit der Beziehung zu Ihren Kindern befassen, auf ein paar Ihrer Fehler aufmerksam werden, aber auch stolz auf sich sein können. Sie werden viel lachen und vor allem dankbar werden für alles, was Sie so erleben.

Tipps des Autors

Zum Stöbern

Da Sie tatsächlich bis hierher gelesen haben, kann ich es Ihnen ja jetzt anvertrauen: Eine Menge der schlauen Gedanken, die ich Ihnen auf 180 Seiten vorgegaukelt habe, sind mir gar nicht selbst gekommen, sondern stammen aus Büchern, wie zum Beispiel denen, die ich Ihnen hier nachfolgend auf den Nachttisch oder besser gesagt direkt ans Herz legen möchte:

Beginnen wir mit der Mutter aller Ratgeber in Sachen Familie: »Kinderjahre. Die Individualität des Kindes als erzieherische Herausforderung« von Remo H. Largo, erschienen im Piper Verlag. Der Schweizer Kinderarzt und Bestsellerautor war bereits mit dem Vorgängertitel »Babyjahre« berühmt geworden, den er mit »Kinderjahre« fortsetzte. Diesen und vielen weiteren Büchern liegt die teils jahrzehntelange Beobachtung und Begleitung junger Menschen zugrunde, aus der Largo vor allem einen Schluss zieht: Das *normale* Kind gibt es nicht. Normal ist die Vielfalt und die bunte Verschiedenheit aller Kinder – ebenso wie die ihrer Eltern. Die Individualität, die im Untertitel als Herausforderung geschildert wird, ist letztlich ein großes Geschenk für jeden Einzelnen von uns.

Wenn Sie den einen oder anderen Gedanken zum Thema gesunde Entwicklung vertiefen wollen und noch ein paar Anstöße suchen, um Ihr Kind besser verstehen zu lernen, sei Ihnen der im Beltz Verlag erschienene Titel »Die sieben Grundbedürfnisse von Kindern« aus der Feder von T. Berry Brazelton und Stanley I. Greenspan empfohlen. Darin erörtern die beiden amerikanischen Mediziner notwendige Bausteine für das emotionale, soziale und intellektuelle Wachstum von

Kindern in unserer Gesellschaft. Machen Sie sich darauf gefasst, an dieser anspruchsvollen Lektüre selbst intellektuell zu wachsen. Es lohnt sich und macht sogar Spaß.

Wo wir gerade auf dem intellektuellen Trip sind, lege ich gleich noch mit Donata Eschenbroichs »Weltwissen der Siebenjährigen. Wie Kinder die Welt entdecken können« aus dem Verlag Antje Kunstmann nach. Mit Fokus auf dem Kindergartenalter geht es weniger darum, lauter kleine Schlaubi Schlümpfe zu erziehen, sondern der Lust am Forschen und Entdecken immer wieder Futter zu geben.

Dem Grundschulalter mit dem Zahnwechsel als Schritt in einen neuen Lebensabschnitt widmet sich der Titel »Wackeln die Zähne – wackelt die Seele« aus dem Verlag Urachhaus. Die beiden Autorinnen Monika Kiel-Hinrichsen und Renate Kviske haben ihre ideelle Heimat in der Gedankenwelt Rudolf Steiners. Doch auch, wer wie ich mit Anthroposophie nichts anzufangen weiß, wird die Lektüre zu schätzen wissen. Denn was dort beschrieben wird, kommt Ihnen nicht bloß bekannt vor, es lässt Sie auch plötzlich das Verhalten Ihres Kindes in neuem Licht sehen. In einem etwas freundlicheren vielleicht sogar.

Wer sich fragt, was er seinen Kindern langfristig mit auf den Weg geben möchte, erstehe bitte in der gut sortierten Buchhandlung seines Vertrauens »Das Resilienz-Buch. Wie Eltern ihre Kinder fürs Leben stärken« aus der Feder von Robert Brooks und Sam Goldstein, erschienen bei Klett-Cotta. Stark sein müssen Sie hierbei allerdings erst mal selbst, um sich von dem mächtigen Wälzer nicht abschrecken zu lassen – doch keine Angst, der Aufbau ist handlich, die Beispiele sind eingängig, und die Schlussfolgerungen fand ich nicht nur in Bezug auf meinen Umgang mit meinen Kindern erhellend, sondern auch in vielerlei beruflicher und sonstiger Hinsicht bereichernd.

Wollen Sie sowieso schon länger mal Ihre eigene Vaterrolle näher betrachten, dann halten Sie sich vertrauensvoll an den dänischen Ratgeber-Gott Jesper Juul. Mit seinem im Kreuz-Verlag erschienenen Titel »Mann und Vater sein« zeigt er, wie Väter nicht nur als Assistenten der Mütter fungieren, sondern ihr Mannsein als eigenständigen Beitrag ins Familienleben einbringen können.

Verlangt es Sie stattdessen nach ein paar konkreten Tipps to go, finden Sie Rat und Tat in einem Werk aus dem eigenen Hause dieses Buches: »Die Eltern-Trickkiste« von Ute Glaser aus dem Gräfe und Unzer Verlag bietet elterliche Lifehacks für so ziemlich jede Situation im Leben mit Kindern.

Sollten Sie allerdings eher wie mein Sohn Justus ein bisschen lesefaul sein oder viel zu beschäftigt, dann besorgen Sie sich trotzdem wenigstens ein einziges Buch (abgesehen von dem, das Sie gerade in Händen halten, natürlich), und zwar: »Jungen! Wie sie glücklich heranwachsen. Warum sie anders sind – und wie sie zu ausgeglichenen, liebevollen und fähigen Männern werden.« Geschrieben vom australischen Psychologen und Aktivisten Steve Biddulph, erschienen im Beust Verlag. Titel und Untertitel sagen eigentlich schon alles. Nicht nur, aber ganz besonders für Väter empfohlen!

Zum Mitsingen

Manchmal bringt ein guter Song unsere Gedanken treffsicherer auf den Punkt, als es ganze Bücher voll schlauer Ideen könnten. Deshalb präsentiere ich hier zum Schluss meine persönliche Playlist zum Thema Väter und Söhne:

Cats In The Cradle von Ugly Kid Joe
»When you comin' home?«
»Son, I don't know when.
We'll get together then.
You know we'll have a good time then …«

Father And Son von Cat Stevens
»From the moment I could talk
I was ordered to listen.
Now there's a way, and I know
That I have to go away.«

Draußen vor der Tür von Die Toten Hosen
»Ich wollte nie so sein wie du und wie du denkst.
Heut' merk' ich immer wieder, wie ähnlich ich dir bin.«

Junge von Die Ärzte
»Guck dir den Dieter an, der hat sogar ein Auto!«

Defender von Manowar
Nee, Scherz. Obwohl…

Register

Die werden Sie auch lieben.

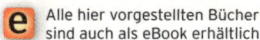

Impressum

Projektleitung: Lea Steinhäuser
Lektorat: Margarethe Brunner
Bildredaktion: Henrike Schechter
Covergestaltung und Layout: independent Medien-Design, Horst Moser, München
Umschlaggestaltung: h3a Mediengestaltung und Produktion GmbH, Andreas Grassinger, München
Herstellung: Renate Hutt
Satz: Christopher Hammond
Reproduktion: Repro Ludwig, Zell am See
Druck und Bindung: Dimograf
Illustrationen: Gert Albrecht

ISBN 978-3-8338-5969-4

1. Auflage 2017

Die GU-Homepage finden Sie unter www.gu.de

Syndication: www.seasons.agency

Wichtiger Hinweis

Die Informationen und Ratschläge in diesem Buch stellen die Meinung bzw. Erfahrung des Verfassers dar. Sie wurden von ihm nach bestem Wissen erstellt und mit größtmöglicher Sorgfalt geprüft. Sie bieten jedoch keinen Ersatz für persönlichen kompetenten medizinischen Rat. Jede Leserin, jeder Leser ist für das eigene Tun und Lassen auch weiterhin selbst verantwortlich. Weder Autor noch Verlag können für eventuelle Nachteile oder Schäden, die aus den im Buch gegebenen praktischen Hinweisen resultieren, eine Haftung übernehmen.

Liebe Leserin, lieber Leser,

haben wir Ihre Erwartungen erfüllt? Sind Sie mit diesem Buch zufrieden? Haben Sie weitere Fragen zu diesem Thema? Wir freuen uns auf Ihre Rückmeldung, auf Lob, Kritik und Anregungen, damit wir für Sie immer besser werden können.

GRÄFE UND UNZER Verlag
Leserservice
Postfach 86 03 13
81630 München
E-Mail:
leserservice@graefe-und-unzer.de

Telefon: 00800 / 72 37 33 33*
Telefax: 00800 / 50 12 05 44*
Mo–Do: 9.00 – 17.00 Uhr
Fr: 9.00 – 16.00 Uhr
(* gebührenfrei in D, A, CH)

Ihr GRÄFE UND UNZER Verlag
Der erste Ratgeberverlag – seit 1722.

GRÄFE UND UNZER

Ein Unternehmen der
GANSKE VERLAGSGRUPPE

 www.facebook.com/gu.verlag